MANUAL DA COMPUTAÇÃO QUÂNTICA

Introdução, Fundamentos e Aplicações Práticas

Edição 2024

Diego Rodrigues

MANUAL DA COMPUTAÇÃO QUÂNTICA
Introdução, Fundamentos e Aplicações Práticas

Edição 2024
Autor: Diego Rodrigues

Publicado por StudioD21

Nota Importante

Os códigos e scripts apresentados neste livro têm como objetivo ilustrar os conceitos discutidos nos capítulos, servindo como exemplos práticos. Esses exemplos foram desenvolvidos em ambientes personalizados e controlados, e portanto, não há garantia de que funcionarão plenamente em todos os cenários. É essencial verificar as configurações e personalizações do ambiente onde serão aplicados para assegurar seu funcionamento adequado. Agradecemos pela compreensão.

ÍNDICE

SAUDAÇÕES!

Olá, caro leitor!

É uma grande satisfação recebê-lo para explorar o vasto e emergente mundo da computação quântica. Sua decisão de mergulhar neste tema é uma clara demonstração do seu desejo de estar na vanguarda do conhecimento tecnológico. Este livro, "Manual de Computação Quântica: Introdução, Fundamentos e Aplicações Práticas", foi elaborado com o intuito de oferecer a você um guia completo e detalhado, desde os conceitos iniciais até as aplicações práticas que moldarão o futuro da tecnologia.

Sua jornada por este manual será uma experiência rica e desafiadora, onde cada capítulo foi projetado para maximizar seu aprendizado e expandir seus horizontes. A computação quântica, com sua promessa de revolucionar indústrias e resolver problemas antes considerados insolúveis, exige um entendimento sólido e prático, e é exatamente isso que você encontrará nas páginas seguintes.

Prepare-se para uma imersão profunda em uma área que está redefinindo os limites do possível. Boa leitura e muito sucesso!

SOBRE O AUTOR

www.linkedin.com/in/diegoexpertai

Autor Best Seller Amazon, Diego Rodrigues é Consultor e Escritor Internacional especializado em Inteligência de Mercado, Tecnologia e Inovação. Com 42 certificações internacionais de instituições como IBM, Google, Microsoft, AWS, Cisco, e Universidade de Boston, Ec-Council, Palo Alto e META.

Rodrigues é expert em Inteligência Artificial, Machine Learning, Ciência de Dados, Big Data, Blockchain, Tecnologias de Conectividade, Ethical Hacking e Threat Intelligence.

Desde 2003, Rodrigues já desenvolveu mais de 200 projetos para marcas importantes no Brasil, EUA e México. Em 2024, ele se consolida como um dos maiores autores de livros técnicos do mundo da nova geração, com mais de 180 títulos publicados em seis idiomas.

APRESENTAÇÃO DO LIVRO

Bem-vindo ao "Manual de Computação Quântica: Introdução, Fundamentos e Aplicações Práticas", um guia projetado para levar você através da complexidade e inovação da computação quântica, uma das fronteiras mais emocionantes da tecnologia moderna. Neste manual, abordaremos um tema que, embora fascinante e repleto de promessas, ainda é pouco compreendido e cercado de muitos mitos e incertezas. Nosso objetivo é transformar essa jornada de descobertas em uma experiência acessível, sólida e extremamente prática, capacitando você a se tornar não apenas um conhecedor, mas um especialista preparado para a era quântica que se aproxima.

A computação quântica está, sem dúvida, na vanguarda da revolução tecnológica que está redesenhando a maneira como pensamos e resolvemos problemas. Desde a sua concepção teórica até os avanços práticos mais recentes, essa área tem o potencial de redefinir setores inteiros da economia, transformar as ciências da vida e da matéria, e até mesmo influenciar profundamente a maneira como nos relacionamos com o mundo digital. Este livro, cuidadosamente estruturado, foi criado para oferecer a você uma compreensão completa e detalhada desse universo, cobrindo desde os fundamentos até as aplicações práticas mais avançadas.

Capítulo 1: Introdução à Computação Quântica

Iniciamos nossa jornada com uma introdução que irá contextualizar o tema dentro do panorama tecnológico atual. Aqui, você será apresentado ao conceito de computação quântica, como ele se diferencia da computação clássica e por que ele é visto como o próximo grande salto em termos de poder de processamento e capacidade de resolução de problemas. Este capítulo estabelece a base sobre a qual todo o livro se apoiará, preparando você para os conceitos mais profundos que serão explorados nos capítulos subsequentes.

Capítulo 2: Princípios Fundamentais da Física Quântica

O segundo capítulo mergulha nos princípios fundamentais da física quântica, os blocos de construção essenciais para a computação quântica. Compreender esses princípios é vital para qualquer pessoa que deseje avançar na área. Neste capítulo, exploramos conceitos como superposição, entrelaçamento, e operadores quânticos, além de discutir o princípio da incerteza e a dualidade onda-partícula. Esse conhecimento formará o alicerce para entender as operações quânticas que definem o funcionamento dos computadores quânticos.

Capítulo 3: Qubits e Portas Lógicas Quânticas

No terceiro capítulo, abordaremos os qubits, as unidades fundamentais de informação na computação quântica, e as portas lógicas quânticas, que são as operações básicas realizadas sobre esses qubits. Diferentemente dos bits clássicos, que podem estar em um estado de 0 ou 1, os qubits podem existir em uma superposição de estados, permitindo que os computadores quânticos processem informações de maneiras que os computadores clássicos não conseguem. Este capítulo detalha como os qubits funcionam, como são manipulados por portas lógicas como NOT, Hadamard, e CNOT, e por que essas operações são cruciais para o processamento quântico.

Capítulo 4: Algoritmos Quânticos Básicos

Este capítulo introduz os primeiros algoritmos quânticos desenvolvidos, como o algoritmo de Deutsch e o algoritmo Deutsch-Jozsa. Esses algoritmos, embora simples, demonstram o poder da computação quântica em resolver problemas que seriam impossíveis para um computador clássico. Através de exemplos práticos, você entenderá como esses algoritmos funcionam e como eles abriram o caminho para o desenvolvimento de algoritmos mais complexos, discutidos em capítulos posteriores.

Capítulo 5: Algoritmo de Shor

O quinto capítulo é dedicado a um dos algoritmos mais revolucionários da computação quântica: o Algoritmo de Shor. Este algoritmo é famoso por sua capacidade de fatorar grandes números em tempo polinomial, uma tarefa que é extremamente difícil para computadores clássicos. Com a capacidade de quebrar grande parte da criptografia utilizada atualmente, o Algoritmo de Shor destaca a necessidade urgente de desenvolver novas formas de segurança digital na era quântica. Este capítulo fornecerá uma explicação detalhada de como o algoritmo funciona e por que ele é um divisor de águas para a criptografia.

Capítulo 6: Algoritmo de Grover

Seguimos com o Algoritmo de Grover, outro marco importante na computação quântica, que oferece uma maneira rápida de buscar em bases de dados não estruturadas. Enquanto a busca em uma base de dados clássica requer tempo proporcional ao número de elementos na base, o Algoritmo de Grover realiza essa tarefa em tempo quadrático, oferecendo uma aceleração significativa. Este capítulo não apenas detalha o funcionamento do Algoritmo de Grover, mas também explora suas aplicações práticas e seu impacto potencial em várias áreas de pesquisa e indústria.

Capítulo 7: Protocolos de Criptografia Quântica

Este capítulo explora o fascinante mundo da criptografia quântica, onde os princípios da física quântica são utilizados para criar sistemas de comunicação intrinsecamente seguros. Aqui, você aprenderá sobre protocolos como o BB84 e o E91, que permitem a troca de chaves criptográficas de forma que qualquer tentativa de interceptação seja imediatamente detectada. A criptografia quântica promete revolucionar a segurança da informação, tornando este capítulo essencial para qualquer pessoa interessada em proteger dados na era quântica.

Capítulo 8: Computação Quântica e Inteligência Artificial

No oitavo capítulo, discutimos a convergência da computação quântica com a inteligência artificial. À medida que a IA se torna uma parte cada vez mais integral de nossas vidas, a computação quântica oferece novas maneiras de acelerar o aprendizado de máquinas, melhorar a análise de big data, e resolver problemas de otimização complexos. Este capítulo explora como essas duas áreas se intersectam e os tipos de avanços que podemos esperar dessa combinação poderosa.

Capítulo 9: Sensores Quânticos e Comunicações Quânticas

Este capítulo amplia a discussão para incluir outras aplicações emergentes da física quântica, como sensores quânticos e comunicações quânticas. Sensores quânticos oferecem níveis de precisão sem precedentes, com aplicações que vão desde a detecção de campos magnéticos extremamente fracos até a medição de forças gravitacionais mínimas. Além disso, as comunicações quânticas, que utilizam o entrelaçamento para transmitir informações instantaneamente, prometem revolucionar a maneira como os dados são transmitidos e protegidos.

Capítulo 10: Computadores Quânticos Práticos

Aqui, abordaremos o estado atual da tecnologia de computadores quânticos. Embora a maioria dos conceitos discutidos até agora seja teórico, os desenvolvimentos práticos nesta área estão avançando rapidamente. Este capítulo discute os principais esforços das gigantes tecnológicas, como IBM, Google e Rigetti, para construir computadores quânticos funcionais. Também abordamos os desafios técnicos, como a decoerência e o ruído quântico, que ainda precisam ser superados para que a computação quântica se torne uma realidade prática.

Capítulo 11: Linguagens de Programação Quântica

Com o desenvolvimento de computadores quânticos vem a necessidade de novas linguagens de programação. Este capítulo apresenta as principais linguagens quânticas disponíveis atualmente, como Qiskit, Quipper, e Q#, e oferece exemplos de código que demonstram como essas linguagens são usadas para programar algoritmos quânticos. Este é um capítulo vital para desenvolvedores que desejam começar a programar para sistemas quânticos.

Capítulo 12: Simuladores Quânticos

Dado que o hardware quântico ainda está em desenvolvimento, simuladores quânticos desempenham um papel crucial no avanço da pesquisa e no teste de algoritmos quânticos. Este capítulo explora o papel dos simuladores quânticos, oferecendo exemplos práticos de como eles podem ser usados para simular o comportamento de sistemas quânticos complexos, antes que o hardware esteja disponível para implementações reais.

Capítulo 13: Aplicações na Indústria Financeira

A computação quântica promete transformar várias indústrias, e o setor financeiro é um dos mais impactados. Este capítulo explora como a computação quântica pode ser aplicada à modelagem de risco, otimização de portfólios, precificação de derivativos, e outros problemas complexos enfrentados por bancos e instituições financeiras. Através de exemplos práticos, mostramos como as capacidades quânticas podem superar as limitações dos métodos tradicionais.

Capítulo 14: Computação Quântica na Química Computacional

A química computacional é outra área que se beneficiará enormemente da computação quântica. Neste capítulo, discutimos como a simulação de moléculas complexas e a descoberta de novos materiais podem ser aceleradas por algoritmos quânticos, abrindo novas possibilidades para o desenvolvimento de fármacos e a criação de novos materiais com propriedades inovadoras.

Capítulo 15: Impactos na Saúde e Biotecnologia

A computação quântica também tem aplicações potenciais na

saúde e na biotecnologia, especialmente em áreas como a simulação de proteínas e a descoberta de fármacos. Este capítulo explora como a capacidade de modelar processos biológicos em nível quântico pode levar a avanços significativos no tratamento de doenças e no desenvolvimento de novos medicamentos.

Capítulo 16: O Futuro da Computação Quântica

Com uma visão voltada para o futuro, este capítulo discute as tendências emergentes e os desafios que a computação quântica enfrenta à medida que avança. Desde as novas arquiteturas de hardware até as possíveis aplicações em áreas que ainda nem imaginamos, este capítulo fornece uma visão do que está por vir na revolução quântica.

Capítulo 17: Ética e Implicações Sociais

A tecnologia não é neutra, e a computação quântica, com seu enorme potencial, levanta questões éticas e sociais significativas. Este capítulo analisa as implicações éticas da computação quântica, incluindo considerações sobre privacidade, segurança e o impacto potencial no mercado de trabalho e na sociedade em geral.

Capítulo 18: Preparando-se para a Era Quântica

Finalmente, este capítulo oferece um guia prático para os leitores que desejam se preparar para a era quântica. Desde o desenvolvimento de habilidades essenciais até a recomendação de recursos de estudo, este capítulo é um chamado à ação para aqueles que desejam não apenas entender, mas também participar ativamente da revolução quântica.

Este manual não é apenas um livro de leitura, mas um guia para sua jornada pessoal na computação quântica, um campo que promete moldar o futuro da tecnologia e, por consequência, da sociedade. Seja você um estudante, um profissional ou um entusiasta da tecnologia, este livro fornecerá as ferramentas e o conhecimento necessários para que você esteja à frente nessa emocionante revolução.

CAPÍTULO 1: INTRODUÇÃO À COMPUTAÇÃO QUÂNTICA

A computação quântica é, sem dúvida, um dos campos mais interessantes e promissores da ciência e tecnologia moderna. Este primeiro capítulo tem como objetivo introduzir o conceito de computação quântica, destacando sua importância e as aplicações potenciais que podem revolucionar diversas áreas do conhecimento humano e da indústria. Para começar, é fundamental entender como a computação quântica se diferencia da computação clássica, a qual estamos mais acostumados, e como ela surgiu como uma resposta aos limites que os computadores tradicionais enfrentam ao lidar com problemas cada vez mais complexos.

Definição de Computação Quântica

A computação quântica é uma forma de computação que utiliza os princípios da mecânica quântica, a teoria fundamental que descreve a natureza física na escala de partículas subatômicas. Enquanto a computação clássica opera com bits que são binários —ou seja, podem estar em um estado de 0 ou 1—a computação quântica utiliza qubits, que podem existir em uma superposição de estados. Isso significa que um qubit pode ser 0, 1, ou ambos simultaneamente, o que permite que os computadores quânticos processem uma quantidade muito maior de informações em comparação com os computadores clássicos.

Além da superposição, outro conceito fundamental da computação quântica é o entrelaçamento, onde dois qubits podem ser correlacionados de tal forma que o estado de um qubit está diretamente relacionado ao estado do outro, mesmo que estejam separados por grandes distâncias. Esse fenômeno, que Albert Einstein chamou de "ação fantasmagórica à distância", é um dos pilares que possibilita a criação de algoritmos quânticos com capacidades incomparáveis.

Comparação com a Computação Clássica

Para compreender melhor o que torna a computação quântica tão revolucionária, é essencial compará-la com a computação clássica. Na computação clássica, a menor unidade de informação é o bit, que pode ser representado por um dos dois estados possíveis, 0 ou 1. Operações lógicas e aritméticas são realizadas em séries de bits, e a velocidade e eficiência de um computador clássico dependem do número de operações que ele pode executar por segundo.

Por outro lado, a computação quântica, através dos qubits, permite a execução de operações em uma escala exponencialmente maior. Um sistema com n qubits pode representar simultaneamente 2^n estados, ao contrário dos n estados que um sistema clássico pode representar. Isso significa que, para certos tipos de problemas, um computador quântico pode encontrar soluções em uma fração do tempo que seria necessário para um computador clássico.

Um exemplo clássico dessa diferença é o problema da fatoração de números inteiros, que é a base de muitos sistemas de criptografia. Enquanto a fatoração de grandes números é extremamente difícil para computadores clássicos, o que assegura a segurança de muitos sistemas criptográficos, um computador quântico poderia, teoricamente, realizar essa tarefa de forma muito mais eficiente, quebrando assim a segurança desses sistemas.

História e Evolução da Computação Quântica

O conceito de computação quântica começou a tomar forma na década de 1980, quando físicos e matemáticos começaram a explorar as implicações da mecânica quântica na teoria da informação. Um dos primeiros a sugerir a possibilidade de um computador quântico foi o físico Richard Feynman. Em 1981, durante uma conferência, Feynman propôs a ideia de que simular a física quântica em um computador clássico era impraticável devido à complexidade dos sistemas quânticos. Ele sugeriu que a única maneira de simular a física quântica de maneira eficiente seria através de um computador baseado nos próprios princípios quânticos.

Pouco tempo depois, David Deutsch, um físico teórico britânico, formalizou a ideia de um computador quântico universal, que poderia simular qualquer processo físico. Deutsch introduziu o conceito de superposição e entrelaçamento no contexto da computação e demonstrou que um computador quântico poderia, em princípio, resolver certos problemas muito mais rapidamente do que qualquer computador clássico.

Nos anos seguintes, a pesquisa em computação quântica continuou a crescer, com contribuições significativas como o algoritmo de Shor, desenvolvido por Peter Shor em 1994, que mostrou como um computador quântico poderia fatorar grandes números inteiros de forma exponencialmente mais rápida que os métodos clássicos. Esse foi um marco na história da computação quântica, pois demonstrou claramente o potencial disruptivo da tecnologia.

Outro marco importante foi o desenvolvimento do algoritmo de Grover, criado por Lov Grover em 1996, que oferece uma maneira eficiente de realizar buscas em bases de dados não estruturadas. Esses avanços não apenas validaram a teoria da computação quântica, mas também geraram um enorme interesse por parte de governos, empresas e a comunidade acadêmica.

Principais Marcos no Desenvolvimento da Computação Quântica

Ao longo das últimas décadas, a computação quântica passou de um conceito teórico para uma área de pesquisa intensiva com implicações práticas reais. Diversos marcos significativos marcaram essa trajetória:

- **1981:** Richard Feynman propõe a ideia de simulação quântica como uma forma de explorar a física quântica usando computadores quânticos.
- **1985:** David Deutsch publica um artigo seminal que propõe o conceito de um computador quântico universal, capaz de simular qualquer processo físico.
- **1994:** Peter Shor desenvolve o algoritmo de Shor, demonstrando que a fatoração de números grandes, base da criptografia RSA, pode ser realizada de forma exponencialmente mais rápida por um computador quântico.
- **1996:** Lov Grover apresenta o algoritmo de Grover, que oferece uma forma eficiente de busca em bases de dados não estruturadas, utilizando as capacidades de superposição e entrelaçamento dos qubits.
- **2001:** Um grupo de pesquisadores da IBM e da Universidade de Stanford realiza a primeira demonstração experimental do algoritmo de Shor usando um computador quântico de 7 qubits baseado em ressonância magnética nuclear.
- **2011:** D-Wave Systems, uma empresa canadense, anuncia a criação do primeiro computador quântico comercial, o D-Wave One, que utiliza um método de computação chamado recozimento quântico (quantum annealing). Embora a comunidade científica tenha debatido o quão "quântico" esse sistema realmente era, o lançamento representou um passo significativo em direção à computação quântica comercial.
- **2019:** Google anuncia que alcançou a "supremacia quântica" com seu processador quântico Sycamore, realizando um cálculo em 200 segundos que, segundo eles, levaria 10.000 anos para ser concluído pelo supercomputador mais rápido da época. Embora a definição de supremacia quântica seja debatida, este foi um marco importante que demonstrou o poder potencial dos computadores quânticos.
- **2020 e além:** Diversas empresas de tecnologia, incluindo IBM, Google, Microsoft, e startups como Rigetti e IonQ,

continuam a desenvolver e melhorar o hardware e software quânticos, com o objetivo de construir computadores quânticos mais poderosos e acessíveis.

Importância e Aplicações Potenciais da Computação Quântica

A importância da computação quântica reside em sua capacidade de resolver problemas que são inatingíveis para computadores clássicos, especialmente em áreas como criptografia, otimização, simulação de sistemas físicos complexos, e inteligência artificial.

- **Criptografia:** Como mencionado anteriormente, a capacidade da computação quântica de realizar fatoração rápida de números grandes ameaça os sistemas de criptografia clássicos. No entanto, também possibilita a criação de novos sistemas criptográficos, como a criptografia baseada em qubits, que são, teoricamente, inquebráveis.

- **Otimização:** Muitos problemas em áreas como logística, finanças, e engenharia envolvem a otimização de grandes conjuntos de variáveis. A computação quântica pode encontrar soluções ótimas ou quase ótimas para esses problemas de forma muito mais rápida do que os métodos clássicos.

- **Simulação de Sistemas Químicos e Biológicos:** A simulação de moléculas e reações químicas complexas é uma tarefa que, atualmente, exige enorme poder computacional. Computadores quânticos têm o potencial de simular esses sistemas de maneira muito mais eficiente, o que pode acelerar o desenvolvimento de novos materiais e medicamentos.

- **Inteligência Artificial:** A computação quântica também promete avanços significativos na inteligência artificial, permitindo a criação de algoritmos de aprendizado de máquina mais eficientes e capazes de lidar com grandes volumes de dados.

Este primeiro capítulo estabeleceu o cenário para a exploração da computação quântica ao longo deste livro. Ao entender a definição, a importância, e os principais marcos do desenvolvimento dessa tecnologia, estamos prontos para nos aprofundar nos princípios fundamentais que sustentam a computação quântica. Nos capítulos subsequentes, exploraremos conceitos como a superposição e o entrelaçamento em maior detalhe, além de examinar como os qubits operam e como podem ser manipulados por portas lógicas quânticas. Com essa base sólida, você estará bem equipado para entender os algoritmos quânticos mais complexos e as aplicações práticas que eles tornam possíveis.

CAPÍTULO 2: PRINCÍPIOS FUNDAMENTAIS DA FÍSICA QUÂNTICA

A física quântica, em sua essência, desafia nossa intuição e as concepções clássicas de como o mundo funciona. Ao operar em escalas extremamente pequenas, como partículas subatômicas, as regras que governam esse mundo microscópico diferem radicalmente das leis da física clássica que regem nosso cotidiano. Para entender a computação quântica, é necessário se familiarizar com alguns dos conceitos fundamentais da física quântica, que formam a base para as operações quânticas. Esses conceitos incluem a superposição, o entrelaçamento, os estados quânticos, os operadores quânticos, o princípio da incerteza e a dualidade onda-partícula.

A superposição é um dos princípios mais fundamentais e intrigantes da física quântica. Em termos simples, a superposição permite que uma partícula, como um elétron ou um fóton, exista em múltiplos estados ao mesmo tempo. Por exemplo, em vez de estar em um único ponto no espaço, uma partícula pode estar em vários locais simultaneamente, até que seja observada. Esse comportamento é diferente do que vemos em objetos macroscópicos, onde um objeto pode estar em apenas um lugar por vez. No contexto da computação quântica, a superposição permite que um qubit esteja em um estado de 0, 1, ou em uma combinação de ambos, o que é fundamental para o processamento de informações quânticas.

Outro conceito crucial é o entrelaçamento quântico. Quando duas ou mais partículas se tornam entrelaçadas, seus estados quânticos ficam intrinsecamente ligados, independentemente da distância que as separa. Isso significa que uma mudança no estado de uma partícula entrelaçada instantaneamente afeta o estado da outra, mesmo que estejam a anos-luz de distância. Esse fenômeno, que Albert Einstein chamou de "ação fantasmagórica à distância", é um dos aspectos mais misteriosos da física quântica e é crucial para a computação quântica, permitindo a transferência de informações de maneira extremamente eficiente.

Os estados quânticos são descrições completas do estado de uma partícula ou de um sistema quântico. Esses estados podem ser representados matematicamente por vetores em um espaço de Hilbert, que é uma generalização do espaço vetorial utilizado na álgebra linear. Em termos práticos, os estados quânticos são representados por "kets" na notação de Dirac, como $|\psi\rangle$, onde ψ representa o estado do sistema. Esses estados podem ser manipulados por operadores quânticos para realizar cálculos e simulações em um computador quântico. A matemática envolvida nos estados quânticos é complexa, mas essencial para a compreensão das operações quânticas.

Os operadores quânticos são ferramentas matemáticas utilizadas para manipular os estados quânticos. Eles podem ser considerados como funções que agem sobre os estados quânticos para produzir novos estados. Por exemplo, o operador de rotação pode ser aplicado a um qubit para mudar sua orientação em um espaço de Bloch, que é uma representação gráfica dos estados de um qubit. Operadores como Pauli-X, Pauli-Y, e Pauli-Z são fundamentais na computação quântica, pois eles realizam operações básicas nos qubits que formam a base para algoritmos quânticos mais complexos.

O princípio da incerteza, introduzido por Werner Heisenberg, é uma das características mais notáveis da física quântica. Esse princípio estabelece que é impossível medir simultaneamente com precisão absoluta duas propriedades complementares, como a posição e o momento de uma partícula. Quanto mais precisamente se conhece uma dessas propriedades, menos se sabe sobre a outra. Esse princípio não é uma limitação da tecnologia, mas uma propriedade fundamental da natureza. Na computação quântica, o princípio da incerteza tem implicações importantes para a manipulação e a medição de qubits, já que qualquer tentativa de medir um qubit colapsa sua superposição em um único estado.

A dualidade onda-partícula é outro conceito fundamental na física quântica. Partículas como elétrons e fótons exibem características tanto de partículas quanto de ondas. Em certos experimentos, como o experimento da fenda dupla, as partículas demonstram comportamento de onda, interferindo consigo mesmas e criando padrões de interferência. Em outros contextos, elas se comportam como partículas discretas, localizadas em um ponto específico. Essa dualidade é central para a compreensão de fenômenos quânticos e desempenha um papel significativo na forma como as informações são processadas em sistemas quânticos.

O conceito de superposição permite que qubits existam em múltiplos estados simultaneamente. Em termos de computação, isso significa que, em vez de realizar cálculos de maneira sequencial, como um computador clássico, um computador quântico pode realizar múltiplos cálculos ao mesmo tempo. A superposição é representada matematicamente como uma combinação linear de estados quânticos. Por exemplo, um qubit pode ser descrito como $|\psi\rangle = \alpha|0\rangle + \beta|1\rangle$, onde α e β são coeficientes complexos que representam as amplitudes de probabilidade dos estados 0 e 1. A magnitude ao quadrado desses coeficientes dá a probabilidade de o qubit colapsar em um desses estados quando medido. Esse fenômeno permite que os computadores quânticos explorem um espaço de soluções muito maior do que os computadores clássicos.

O entrelaçamento quântico cria correlações entre partículas que não podem ser explicadas por teorias clássicas. Quando duas partículas estão entrelaçadas, o estado de uma partícula não pode ser descrito independentemente do estado da outra. Isso leva a uma forma de comunicação instantânea entre as partículas, que pode ser usada para criar sistemas de comunicação mais seguros e eficientes. O entrelaçamento é uma das bases para a criação de algoritmos quânticos, como a distribuição de chaves quânticas, que permite a transmissão segura de informações. Além disso, o entrelaçamento é essencial para o desenvolvimento de tecnologias como a teleportação quântica, que, embora ainda em seus estágios iniciais, tem o potencial de transformar radicalmente a forma como as informações são transferidas e processadas.

Os estados quânticos são definidos em um espaço de Hilbert, que é um espaço vetorial complexo que permite a representação de estados quânticos como vetores. A evolução de um estado quântico é governada pela equação de Schrödinger, que descreve como os estados quânticos mudam ao longo do tempo. Em um computador quântico, a manipulação dos estados quânticos é realizada por meio de operadores quânticos, que aplicam transformações específicas a esses estados. Por exemplo, um operador de rotação pode girar um qubit em torno de um eixo no espaço de Bloch, alterando sua superposição de estados. Operadores como as portas Hadamard, Pauli-X, Y, e Z são usados para realizar operações lógicas em qubits, permitindo que eles realizem cálculos de maneira quântica.

O princípio da incerteza de Heisenberg estabelece limites para a precisão com que certas propriedades físicas podem ser conhecidas simultaneamente. Isso tem implicações profundas para a computação quântica, onde a medição de um qubit afeta diretamente o estado do sistema. Quando um qubit é medido, sua superposição colapsa em um estado específico, e a informação sobre o estado anterior é perdida. Isso significa que a computação quântica requer uma abordagem cuidadosa para o projeto de algoritmos e a manipulação de qubits, de forma a maximizar a eficiência dos cálculos quânticos sem introduzir erros devido ao colapso de estados quânticos.

A dualidade onda-partícula é exemplificada pelo experimento da fenda dupla, que demonstra que partículas como elétrons podem exibir comportamento de onda, interferindo consigo mesmas. Esse comportamento é fundamental para a compreensão da física quântica e tem implicações diretas para a computação quântica. Em um computador quântico, a natureza ondulatória dos qubits permite que eles existam em uma superposição de estados e interfere de maneiras que permitem a execução de cálculos quânticos. A compreensão dessa dualidade é essencial para o desenvolvimento de algoritmos quânticos eficientes que exploram ao máximo as propriedades quânticas.

A mecânica quântica, com todos os seus conceitos e princípios, desafia as noções tradicionais de realidade e oferece uma nova perspectiva sobre como o universo funciona em uma escala microscópica. Esses princípios não são apenas curiosidades teóricas, mas formam a base da tecnologia quântica emergente, que promete transformar várias indústrias, desde a computação e a comunicação até a criptografia e a biotecnologia. Ao aplicar esses princípios à computação, estamos apenas começando a explorar o vasto potencial da computação quântica, que pode abrir novas fronteiras no processamento de informações, na resolução de problemas complexos e na criação de novas tecnologias que ainda nem podemos imaginar.

CAPÍTULO 3: QUBITS E PORTAS LÓGICAS QUÂNTICAS

Na computação quântica, os qubits representam a unidade fundamental de informação, desempenhando um papel análogo ao dos bits na computação clássica. No entanto, enquanto os bits clássicos podem estar em apenas um de dois estados possíveis (0 ou 1), os qubits têm a capacidade de existir em uma superposição de ambos os estados simultaneamente. Esta propriedade permite que os computadores quânticos realizem operações em um espaço de soluções muito maior, possibilitando o processamento de informações de maneira que os computadores clássicos não conseguem.

Os qubits podem ser implementados utilizando diferentes sistemas físicos, como átomos, íons, fótons ou circuitos supercondutores. Independentemente da tecnologia usada, todos os qubits compartilham a capacidade de se encontrar em estados de superposição e entrelaçamento, duas propriedades essenciais para o poder da computação quântica. A representação matemática de um qubit é um vetor no espaço de Hilbert, um espaço vetorial complexo de dimensão infinita que generaliza os conceitos da álgebra linear. Um qubit é descrito por um vetor de estado, ou "ket", na notação de Dirac, denotado como $|\psi\rangle$.

A expressão geral para um qubit pode ser escrita como uma combinação linear dos estados base $|0\rangle$ e $|1\rangle$:

$$|\psi\rangle = \alpha|0\rangle + \beta|1\rangle$$

onde α e β são números complexos que representam as amplitudes de probabilidade dos respectivos estados. A probabilidade de encontrar o qubit no estado $|0\rangle$ ou $|1\rangle$ é dada por $|\alpha|^2$ e $|\beta|^2$, respectivamente, com a condição de que $|\alpha|^2 + |\beta|^2 = 1$. Essa propriedade de superposição permite que um qubit realize cálculos paralelos, explorando múltiplas possibilidades simultaneamente.

Para manipular qubits, utilizam-se portas lógicas quânticas, que são equivalentes às portas lógicas clássicas, mas operam em estados quânticos. As portas lógicas quânticas são representadas por operadores unitários que atuam sobre os qubits, transformando seus estados de acordo com regras específicas. As operações realizadas por essas portas são fundamentais para a execução de algoritmos quânticos e para a realização de cálculos em computadores quânticos.

Uma das portas lógicas quânticas mais básicas é a porta **NOT**, também conhecida como porta **X** ou **Pauli-X**. Esta porta funciona de maneira semelhante à porta NOT na computação clássica, invertendo o estado do qubit. Se um qubit estiver no estado $|0\rangle$, a aplicação da porta NOT o transformará em $|1\rangle$, e vice-versa. Matematicamente, a porta NOT é representada pela matriz de Pauli-X:

$$X = \begin{pmatrix} 0 & 1 \\ 1 & 0 \end{pmatrix}$$

Aplicar essa matriz ao vetor de estado do qubit altera seu estado conforme descrito. A porta NOT é crucial em muitos algoritmos quânticos, pois permite a inversão de estados e a manipulação básica dos qubits.

Outra porta lógica importante é a porta **Hadamard** (H), que cria superposições a partir de estados base. Aplicar a porta Hadamard a um qubit no estado $|0\rangle$ resulta em uma superposição igual de $|0\rangle$ e $|1\rangle$. A matriz que representa a porta Hadamard é:

$$H = \frac{1}{\sqrt{2}} \begin{pmatrix} 1 & 1 \\ 1 & -1 \end{pmatrix}$$

Quando aplicada a um qubit, a porta Hadamard transforma o estado |0⟩ em (|0⟩ + |1⟩)/√2 e o estado |1⟩ em (|0⟩ - |1⟩)/√2. Isso permite que o qubit exista em uma superposição de ambos os estados, o que é essencial para a execução de muitos algoritmos quânticos, como o algoritmo de Grover e o algoritmo de Shor.

As portas lógicas **Pauli-Y** e **Pauli-Z** são outras operações fundamentais que atuam em qubits. A porta Pauli-Y, representada pela matriz Y, realiza uma rotação no espaço de Bloch em torno do eixo Y, enquanto a porta Pauli-Z realiza uma rotação em torno do eixo Z. As matrizes que representam essas portas são:

$$Y = \begin{pmatrix} 0 & -i \\ i & 0 \end{pmatrix}$$

$$Z = \begin{pmatrix} 1 & 0 \\ 0 & -1 \end{pmatrix}$$

Essas portas são utilizadas para manipular os estados dos qubits de maneira controlada, permitindo a execução de operações lógicas complexas que são a base para o processamento quântico.

Além das portas de um único qubit, existem portas lógicas que operam em dois ou mais qubits simultaneamente. Uma das portas de dois qubits mais importantes é a porta **CNOT** (Controlled-NOT), que desempenha um papel fundamental no entrelaçamento quântico e na criação de portas lógicas universais. A porta CNOT age sobre dois qubits: um qubit de controle e um qubit alvo. Se o qubit de controle estiver no estado |1⟩, a porta CNOT inverte o estado do qubit alvo. Se o qubit de controle estiver no estado | 0⟩, o estado do qubit alvo permanece inalterado. A matriz que representa a porta CNOT é:

$$CNOT = \begin{pmatrix} 1 & 0 & 0 & 0 \\ 0 & 1 & 0 & 0 \\ 0 & 0 & 0 & 1 \\ 0 & 0 & 1 & 0 \end{pmatrix}$$

Essa operação é essencial para a criação de estados entrelaçados e para a implementação de algoritmos quânticos como a criptografia quântica e a teleportação quântica.

A porta CNOT é frequentemente combinada com outras portas para realizar operações mais complexas. Por exemplo, a combinação de uma porta Hadamard com uma porta CNOT pode criar um estado de Bell, que é um exemplo de entrelaçamento máximo entre dois qubits. Esse entrelaçamento é explorado em muitos algoritmos quânticos para melhorar a eficiência e a segurança das operações.

Além das portas básicas mencionadas, existem outras portas quânticas, como a porta **Toffoli** (também conhecida como porta CCNOT, ou porta AND controlada), que atua sobre três qubits. A porta Toffoli inverte o estado do terceiro qubit (qubit alvo) se e somente se os dois primeiros qubits (qubits de controle) estiverem ambos no estado |1⟩. A porta Toffoli é importante porque, junto com as portas Hadamard e CNOT, forma um conjunto universal de portas lógicas, permitindo que qualquer operação quântica seja realizada em um computador quântico.

Outro exemplo de porta quântica é a porta **SWAP**, que troca os estados de dois qubits. A matriz que representa a porta SWAP é:

$$SWAP = \begin{pmatrix} 1 & 0 & 0 & 0 \\ 0 & 0 & 1 & 0 \\ 0 & 1 & 0 & 0 \\ 0 & 0 & 0 & 1 \end{pmatrix}$$

A porta SWAP é útil para reorganizar os qubits em um circuito quântico sem alterar suas informações internas, o que é essencial para a execução eficiente de certos algoritmos quânticos.

A manipulação de qubits por meio dessas portas lógicas quânticas permite a realização de operações que aproveitam as propriedades únicas da mecânica quântica, como a superposição e o entrelaçamento. Essas operações formam a base para a execução de algoritmos quânticos que podem resolver problemas de maneira mais eficiente do que os métodos clássicos.

Em termos de implementação física, as portas lógicas quânticas podem ser realizadas por meio de várias tecnologias, como a utilização de pulsos de micro-ondas para manipular qubits em circuitos supercondutores, ou a aplicação de campos magnéticos em átomos aprisionados para realizar operações lógicas. Cada tecnologia tem suas próprias vantagens e desafios, mas todas compartilham o objetivo comum de manipular qubits com alta fidelidade e precisão.

A construção de circuitos quânticos envolve a combinação de múltiplas portas lógicas quânticas para realizar operações complexas. Esses circuitos são análogos aos circuitos lógicos clássicos, mas operam em qubits e aproveitam as propriedades quânticas para realizar cálculos mais eficientes. A otimização desses circuitos é uma área ativa de pesquisa, com o objetivo de minimizar o número de operações e reduzir os erros introduzidos durante o processamento quântico.

A computação quântica, impulsionada pela manipulação precisa de qubits através de portas lógicas quânticas, promete revolucionar a forma como os cálculos são realizados em diversas áreas, desde a criptografia até a simulação de sistemas complexos. A compreensão de como essas portas funcionam e como podem ser combinadas para realizar operações complexas é essencial para o desenvolvimento de algoritmos quânticos eficientes e para o avanço da tecnologia quântica em geral.

A exploração contínua dos qubits e das portas lógicas quânticas está moldando o futuro da computação, abrindo novas possibilidades para resolver problemas que antes eram considerados intratáveis pela computação clássica.

CAPÍTULO 4: ALGORITMOS QUÂNTICOS BÁSICOS

Algoritmos quânticos são a essência da computação quântica, explorando as propriedades únicas dos qubits, como superposição e entrelaçamento, para realizar cálculos de maneira mais eficiente do que os algoritmos clássicos. Esses algoritmos permitem que computadores quânticos resolvam certos problemas em tempos exponencialmente menores do que seus equivalentes clássicos. A introdução aos algoritmos quânticos começa com aqueles que são considerados os mais simples e fundamentais, mas que ainda assim oferecem uma visão poderosa de como a computação quântica pode superar a clássica em eficiência e capacidade.

Um dos primeiros algoritmos quânticos a ser desenvolvido foi o Algoritmo de Deutsch, que foi formulado por David Deutsch em 1985. Este algoritmo é significativo porque foi o primeiro a mostrar que um computador quântico poderia realizar uma tarefa mais rapidamente do que um computador clássico. O problema abordado por esse algoritmo é relativamente simples, mas sua solução quântica demonstra a vantagem dos computadores quânticos.

O problema considerado por Deutsch é o seguinte: suponha que exista uma função $f(x)$ que recebe um bit de entrada ($x = 0$ ou 1) e retorna um bit de saída ($f(x) = 0$ ou 1). A função pode ser constante, ou seja, retorna o mesmo valor para ambas as entradas ($f(0) = f(1)$), ou balanceada, ou seja, retorna valores diferentes para cada entrada ($f(0) \neq f(1)$). O objetivo é determinar se a função é constante ou balanceada. Um computador clássico precisaria avaliar a função duas vezes, uma para cada valor de x (0 e 1), para garantir a resposta correta. Um computador quântico, usando superposição e interferência quântica, pode resolver o problema com apenas uma única avaliação de f(x).

O Algoritmo de Deutsch usa um único qubit de entrada em superposição de estados e uma porta Hadamard para criar a superposição. O qubit é então alimentado na função f(x), implementada como uma porta quântica. A interferência quântica é utilizada para cancelar ou reforçar certos resultados, permitindo que a natureza da função (se é constante ou balanceada) seja determinada após uma única avaliação. Essa capacidade de resolver o problema com uma única consulta é uma demonstração poderosa de como os algoritmos quânticos podem ser mais eficientes que os clássicos.

O Algoritmo de Deutsch foi expandido para o Algoritmo de Deutsch-Jozsa, desenvolvido por David Deutsch e Richard Jozsa em 1992. O Algoritmo de Deutsch-Jozsa generaliza o problema para funções que recebem n bits de entrada e retornam um único bit de saída. Assim como no Algoritmo de Deutsch, o objetivo é determinar se a função é constante ou balanceada, mas agora com n bits de entrada. Em um contexto clássico, um algoritmo precisaria avaliar a função até $2^{(n-1)} + 1$ vezes no pior cenário para determinar corretamente se a função é constante ou balanceada.

O Algoritmo de Deutsch-Jozsa, por outro lado, pode resolver o problema com uma única avaliação da função, independentemente do número de bits de entrada. O algoritmo funciona aplicando uma série de portas Hadamard para criar uma superposição quântica sobre todos os estados possíveis de entrada. A função f(x) é então aplicada de maneira a entrelaçar os estados de entrada e saída. Uma segunda aplicação das portas Hadamard permite que a interferência quântica revele a natureza da função após uma única medição. O resultado é que a função será sempre constante ou sempre balanceada, o que é detectado com uma única execução do algoritmo.

Outro algoritmo quântico básico que ilustra as capacidades dos computadores quânticos é o Algoritmo de Simon. Esse algoritmo resolve um problema que é formulado da seguinte forma: dada uma função f(x) que mapeia n bits de entrada para n bits de saída, e que possui a propriedade de que existe uma string de bits s tal que f(x) = f(x $\oplus$ s) para todos os valores de x, o objetivo é determinar o valor de s. Aqui, $\oplus$ denota a operação de soma binária (ou exclusivo). Em um cenário clássico, a solução para este problema requereria um número exponencial de avaliações da função, enquanto o Algoritmo de Simon pode resolver o problema de maneira eficiente em tempo polinomial.

O Algoritmo de Simon funciona criando uma superposição de todos os possíveis valores de entrada e aplicando a função f(x) para entrelaçar os estados de entrada e saída. Após a aplicação da função, um processo de medição e manipulação quântica extrai a informação sobre a string s. A eficiência do algoritmo está em sua capacidade de explorar a interferência quântica para cancelar as possibilidades incorretas, permitindo que a resposta seja extraída de maneira eficiente.

Esses algoritmos quânticos básicos, apesar de simples em sua formulação, demonstram claramente como os computadores quânticos podem resolver problemas de maneira mais eficiente do que os computadores clássicos. Ao aproveitar as propriedades quânticas, como superposição, entrelaçamento e interferência, esses algoritmos abrem o caminho para o desenvolvimento de algoritmos quânticos mais complexos, que podem ter aplicações práticas significativas em áreas como criptografia, otimização, e simulação de sistemas físicos.

Por exemplo, o Algoritmo de Grover, que foi desenvolvido por Lov Grover em 1996, é outro exemplo de como os algoritmos quânticos podem oferecer melhorias significativas sobre os métodos clássicos. O Algoritmo de Grover resolve o problema de busca em uma base de dados não estruturada. Em um cenário clássico, a busca por um item específico em uma base de dados de N itens requer, em média, N/2 avaliações. O Algoritmo de Grover, por outro lado, pode encontrar o item desejado em aproximadamente √N avaliações, oferecendo uma aceleração quadrática.

O Algoritmo de Grover funciona aplicando uma série de rotações e reflexões quânticas no espaço de estados, amplificando a probabilidade do estado desejado. Ao final de um número de iterações que é proporcional à raiz quadrada do número de elementos na base de dados, a medição do sistema colapsa a superposição para o estado que corresponde ao item procurado com alta probabilidade. Essa aceleração torna o Algoritmo de Grover extremamente útil para problemas de busca, otimização e outras tarefas que envolvem a procura em grandes espaços de soluções.

A importância desses algoritmos quânticos básicos vai além de sua eficiência. Eles fornecem uma base para o desenvolvimento de algoritmos mais sofisticados e complexos que podem lidar com problemas mais intratáveis para a computação clássica. Por exemplo, o Algoritmo de Shor, que foi mencionado anteriormente, estende as ideias de superposição e interferência para fatorar números grandes de maneira eficiente, o que tem implicações diretas para a criptografia moderna.

Além disso, o estudo de algoritmos quânticos básicos ajuda a entender os fundamentos da computação quântica, incluindo como as operações lógicas quânticas podem ser combinadas para resolver problemas práticos. Cada algoritmo quântico é projetado para explorar as propriedades únicas dos qubits e das portas lógicas quânticas, usando conceitos como a transformação de Fourier quântica, a multiplicação modular e outras técnicas matemáticas avançadas que não têm equivalentes diretos na computação clássica.

A pesquisa em algoritmos quânticos continua a crescer, com novas descobertas e avanços sendo feitos regularmente. O potencial da computação quântica para revolucionar a forma como processamos informações é imenso, e os algoritmos quânticos básicos são apenas o começo dessa jornada. À medida que a tecnologia quântica avança e os computadores quânticos se tornam mais poderosos e acessíveis, a expectativa é que novos algoritmos sejam desenvolvidos para enfrentar desafios em áreas como ciência dos materiais, biotecnologia, finanças e muitos outros campos.

A exploração dos algoritmos quânticos básicos oferece uma visão fascinante de como o poder da computação quântica pode ser aproveitado. Com uma compreensão sólida desses algoritmos, é possível começar a vislumbrar o impacto que a computação quântica terá no futuro da tecnologia e da sociedade. O desenvolvimento contínuo de algoritmos quânticos mais avançados permitirá que a computação quântica realize seu pleno potencial, trazendo soluções inovadoras para problemas que antes eram considerados insolúveis pela computação clássica.

CAPÍTULO 5: ALGORITMO DE SHOR

O Algoritmo de Shor é um dos mais importantes e impactantes algoritmos desenvolvidos para a computação quântica. Ele foi criado por Peter Shor em 1994 e rapidamente se tornou um dos principais motivos para o grande interesse em computação quântica. A razão é simples: o Algoritmo de Shor resolve um problema matemático fundamental, a fatoração de números inteiros, de maneira exponencialmente mais rápida do que os melhores algoritmos clássicos conhecidos. Esse feito tem implicações diretas na criptografia moderna, especialmente nos sistemas de criptografia baseados na dificuldade de fatorar números grandes, como o RSA.

A criptografia RSA, amplamente utilizada para proteger comunicações online, baseia-se na dificuldade de fatorar grandes números primos. Essencialmente, o RSA utiliza a multiplicação de dois números primos muito grandes para gerar uma chave pública, enquanto a chave privada, necessária para decifrar mensagens, é derivada desses números primos. O processo de fatoração de um número grande em seus componentes primos é conhecido por ser extremamente difícil e demorado para computadores clássicos, especialmente quando os números envolvidos têm centenas ou milhares de dígitos. Esse desafio de fatoração é o que torna o RSA seguro na prática, pois, sem a capacidade de fatorar rapidamente o número composto, é praticamente impossível para um invasor decifrar a chave privada.

O Algoritmo de Shor, no entanto, ameaça essa segurança ao oferecer uma maneira de fatorar números inteiros de forma muito mais eficiente usando um computador quântico. Enquanto os algoritmos clássicos mais rápidos, como o algoritmo de fatoração de Fermat e o crivo de números quadráticos, têm complexidades que crescem exponencialmente com o tamanho do número a ser fatorado, o Algoritmo de Shor resolve o problema em tempo polinomial. Especificamente, ele pode fatorar um número N em $O((\log N)^3)$ operações, o que é uma melhoria dramática em comparação com os métodos clássicos.

O funcionamento do Algoritmo de Shor pode ser dividido em várias etapas, combinando técnicas clássicas e quânticas. O primeiro passo é reduzir o problema da fatoração a um problema de encontrar o período de uma função matemática. Essa redução é crucial porque encontrar o período de uma função é uma tarefa que pode ser acelerada exponencialmente por um computador quântico usando a Transformada de Fourier Quântica (QFT).

Para entender como isso funciona, considere um número inteiro N que desejamos fatorar e um número a que seja coprimo com N (ou seja, que não compartilha nenhum fator comum com N, exceto 1). O objetivo é encontrar o menor inteiro r tal que $a^r \equiv 1 \pmod{N}$. Este r é chamado de período da função $f(x) = a^x \bmod N$. Se o período r puder ser encontrado, o número N pode ser fatorado usando o algoritmo clássico de máximo divisor comum (MDC).

A parte mais difícil desse processo é justamente encontrar o período r, que é onde o Algoritmo de Shor brilha. O algoritmo usa superposição e interferência quântica para criar um estado quântico que codifica todos os possíveis valores de x. Em seguida, aplica a função $f(x)$ para calcular a potência modular e utiliza a Transformada de Fourier Quântica para revelar o período r. A Transformada de Fourier Quântica é uma versão quântica da Transformada de Fourier clássica, mas é extremamente eficiente em termos de tempo, sendo capaz de transformar superposições de estados em apenas $O((\log N)^2)$ operações.

Após a aplicação da QFT, o período r pode ser extraído com alta probabilidade. Uma vez que r é conhecido, os fatores de N podem ser encontrados resolvendo uma série de equações que envolvem o cálculo do máximo divisor comum entre N e $a^{r/2} \pm$

1. Esses cálculos podem ser realizados de forma eficiente em um computador clássico, completando assim o processo de fatoração.

O impacto do Algoritmo de Shor na segurança criptográfica não pode ser subestimado. Se computadores quânticos de grande escala e estáveis fossem construídos, eles poderiam usar o Algoritmo de Shor para quebrar a criptografia RSA em uma fração do tempo que seria necessário para um supercomputador clássico. Isso coloca em risco não apenas as comunicações privadas, mas também transações financeiras, dados governamentais e qualquer outro sistema que dependa da criptografia RSA para segurança.

Devido a essa ameaça potencial, a comunidade de criptografia já começou a trabalhar no desenvolvimento de novas técnicas criptográficas que seriam seguras contra ataques quânticos. Essas técnicas, conhecidas como criptografia pós-quântica, exploram problemas matemáticos que, acredita-se, não podem ser resolvidos eficientemente por computadores quânticos, como redes baseadas em problemas, funções de hash e criptografia baseada em códigos. No entanto, essas técnicas ainda estão em desenvolvimento e não foram amplamente adotadas.

O Algoritmo de Shor também teve um impacto significativo na pesquisa teórica em computação quântica. Ele demonstrou, de forma convincente, que os computadores quânticos poderiam resolver problemas práticos que são intratáveis para computadores clássicos, gerando um enorme interesse na construção de hardware quântico. Desde a publicação do Algoritmo de Shor, grandes avanços foram feitos na implementação experimental de computadores quânticos, com empresas como IBM, Google e outras liderando o desenvolvimento de protótipos de computadores quânticos que poderiam, no futuro, executar algoritmos como o de Shor de maneira eficiente.

No entanto, a execução do Algoritmo de Shor em números grandes, como aqueles usados em criptografia RSA, ainda está fora do alcance dos computadores quânticos atuais. Os sistemas quânticos contemporâneos ainda sofrem de erros de decoerência e possuem um número limitado de qubits, o que impede a implementação prática do Algoritmo de Shor em larga escala. A correção de erros quânticos e a construção de qubits estáveis são áreas críticas de pesquisa que devem ser resolvidas antes que o Algoritmo de Shor possa ser utilizado para quebrar a criptografia moderna.

Ainda assim, o desenvolvimento contínuo da computação quântica sugere que essas barreiras técnicas poderão ser superadas em algum momento no futuro. À medida que a tecnologia avança, a computação quântica pode se tornar uma ferramenta poderosa para resolver problemas matemáticos complexos e realizar cálculos que estão muito além das capacidades dos computadores clássicos.

O Algoritmo de Shor também abriu caminho para a exploração de outros algoritmos quânticos que poderiam ter um impacto profundo em diferentes áreas. Sua abordagem para resolver problemas de fatoração inspirou a criação de outros algoritmos quânticos, como o Algoritmo de Grover, que oferece aceleração quântica para busca em bases de dados não estruturadas. Juntos, esses algoritmos formam a base de uma nova era de computação que poderá redefinir o que é possível no mundo da ciência e tecnologia.

Em suma, o Algoritmo de Shor não é apenas uma curiosidade teórica, mas uma ameaça real à segurança criptográfica moderna e um catalisador para o avanço da computação quântica. Sua capacidade de resolver o problema da fatoração de números inteiros de maneira eficiente destaca o poder potencial dos computadores quânticos e sublinha a necessidade urgente de desenvolver novas formas de criptografia que possam resistir a ataques quânticos. A exploração do Algoritmo de Shor e suas implicações continua a ser uma área de pesquisa ativa, com importantes ramificações para o futuro da segurança da informação e da computação.

CAPÍTULO 6: ALGORITMO DE GROVER

O Algoritmo de Grover, desenvolvido por Lov Grover em 1996, é um dos algoritmos quânticos mais conhecidos e fundamentais. Ele oferece uma forma de buscar em bases de dados não estruturadas de maneira significativamente mais eficiente do que os métodos clássicos. Enquanto os algoritmos clássicos de busca em bases de dados exigem, em média, $O(N)$ operações para encontrar um item específico em uma base de dados de N elementos, o Algoritmo de Grover pode realizar a mesma tarefa em $O(\sqrt{N})$ operações, proporcionando uma aceleração quadrática. Essa melhoria é particularmente relevante em cenários onde as bases de dados são muito grandes e a busca eficiente é crucial.

Para entender o funcionamento do Algoritmo de Grover, é necessário compreender os conceitos de superposição, interferência quântica e a amplificação de amplitude, que são as bases sobre as quais o algoritmo opera. O algoritmo começa colocando todos os possíveis estados de entrada em uma superposição quântica. Isso significa que, em vez de considerar cada estado de entrada sequencialmente, como faria um algoritmo clássico, o computador quântico considera todos os estados simultaneamente.

A função de oráculo é então aplicada a essa superposição. O oráculo é uma função que marca o estado de interesse, aquele que corresponde ao item que se está buscando na base de dados. Ele faz isso invertendo a fase do estado correspondente ao item desejado, deixando os outros estados inalterados. Esse processo é semelhante a marcar um item em uma lista, mas, em vez de marcar fisicamente, a fase do estado é invertida, o que prepara o sistema para a amplificação da probabilidade desse estado.

Após a aplicação do oráculo, o algoritmo usa uma operação

conhecida como difusão de Grover (ou inversão sobre a média) para amplificar a amplitude do estado marcado, aumentando assim a probabilidade de que o item desejado seja encontrado quando o sistema for medido. A difusão de Grover envolve refletir todos os estados em torno da média das amplitudes, o que tem o efeito de aumentar significativamente a amplitude do estado marcado enquanto diminui as amplitudes dos estados não marcados. Repetindo esse processo várias vezes, a amplitude do estado desejado é amplificada até que a probabilidade de medir o estado correto seja muito alta.

Matematicamente, o Algoritmo de Grover pode ser descrito utilizando vetores e matrizes em um espaço de Hilbert. Se o sistema quântico começa em um estado inicial $|\psi\rangle$, que é uma superposição uniforme de todos os estados possíveis, a aplicação do oráculo pode ser representada como uma matriz diagonal onde o elemento correspondente ao estado marcado tem um valor de -1, enquanto os outros elementos têm um valor de 1. A difusão de Grover é então aplicada para refletir o vetor estado em torno da média, e essa operação pode ser representada por uma matriz que depende do número total de estados.

O número de iterações do algoritmo é aproximadamente $\sqrt{N}$, onde N é o número total de itens na base de dados. Após essas iterações, a probabilidade de que a medição do estado quântico resulte no estado marcado é muito próxima de 1, garantindo que o item desejado seja encontrado com alta probabilidade.

A eficiência do Algoritmo de Grover torna-o ideal para uma variedade de aplicações que envolvem a busca em bases de dados não estruturadas, onde não há uma ordenação ou estrutura que possa ser explorada para acelerar a busca. Além das buscas em bases de dados, o algoritmo pode ser adaptado para resolver problemas de otimização, onde a solução ótima deve ser encontrada em um grande espaço de possíveis soluções. Por exemplo, problemas de satisfação de restrições, onde a tarefa é encontrar uma solução que satisfaça todas as condições de um conjunto de restrições, podem ser abordados com o Algoritmo de Grover, acelerando significativamente a busca pela solução.

A aplicação prática do Algoritmo de Grover pode ser ilustrada em um exemplo simples, como a busca por um número específico em uma lista de números não ordenados. Suponha que a lista contenha um milhão de números e que o objetivo seja encontrar um número específico. Em um algoritmo clássico de busca linear, seria necessário, em média, verificar 500.000 números para encontrar o desejado. No entanto, com o Algoritmo de Grover, o número de verificações seria reduzido para cerca de 1.000, uma melhoria considerável.

Outro exemplo de aplicação é na quebra de criptografia baseada em chaves simétricas. Se uma chave de criptografia tiver N possíveis valores, o Algoritmo de Grover pode encontrar a chave correta em $O(\sqrt{N})$ operações, o que representa uma aceleração significativa em comparação com a força bruta clássica, que requer $O(N)$ operações. Isso tem implicações importantes para a segurança de sistemas criptográficos, sugerindo a necessidade de aumentar o tamanho das chaves para garantir a segurança na era quântica.

A comparação entre o Algoritmo de Grover e os métodos clássicos de busca revela a força da abordagem quântica em termos de eficiência. Em muitos problemas práticos, como a busca em grandes bases de dados ou a otimização de soluções em espaços de alta dimensionalidade, a aceleração quadrática proporcionada pelo Algoritmo de Grover pode ser a diferença entre uma tarefa factível e uma tarefa impossível dentro de limites de tempo razoáveis.

A eficiência do Algoritmo de Grover também destaca a importância de técnicas como a amplificação de amplitude, que são exclusivas da computação quântica. Essas técnicas aproveitam as propriedades quânticas para realizar operações que não têm equivalentes diretos na computação clássica, demonstrando o poder da mecânica quântica aplicada à ciência da computação.

No entanto, assim como com o Algoritmo de Shor, a implementação prática do Algoritmo de Grover depende de avanços contínuos na tecnologia de hardware quântico. Atualmente, a execução do Algoritmo de Grover em sistemas quânticos reais ainda enfrenta desafios, como a correção de erros quânticos e a manutenção da coerência dos qubits durante o processo de cálculo. A pesquisa em computação quântica continua a focar na superação dessas barreiras, com o objetivo de tornar viáveis implementações em larga escala que possam tirar proveito das vantagens do Algoritmo de Grover.

O Algoritmo de Grover também abriu a porta para o desenvolvimento de novos algoritmos quânticos que exploram a mesma ideia de amplificação de amplitude para resolver outros problemas computacionais. Sua abordagem inovadora inspirou pesquisas em áreas como aprendizado de máquina quântico, onde algoritmos quânticos podem ser usados para acelerar o treinamento de modelos, e em problemas de otimização combinatória, onde a busca pela solução ótima pode ser acelerada de maneira semelhante.

Além das aplicações práticas, o Algoritmo de Grover tem um valor educacional significativo, ajudando a ilustrar como os princípios da mecânica quântica podem ser aplicados para resolver problemas computacionais de maneira mais eficiente. Ele serve como um exemplo claro de como a superposição e a interferência quântica podem ser exploradas para realizar tarefas que seriam impraticáveis para um computador clássico.

O impacto do Algoritmo de Grover na ciência da computação é profundo, pois ele desafia a suposição de que certas tarefas, como a busca em bases de dados não estruturadas, devem necessariamente ser realizadas de maneira sequencial e demorada. Ao mostrar que essas tarefas podem ser aceleradas de maneira dramática usando computação quântica, o Algoritmo de Grover não apenas oferece uma solução prática para problemas específicos, mas também amplia nossa compreensão do que é possível na ciência da computação.

Como a pesquisa em computação quântica continua a avançar, é provável que veremos o Algoritmo de Grover sendo aplicado em uma variedade cada vez maior de cenários, desde a busca de informações em grandes bases de dados até a otimização de processos industriais e a resolução de problemas complexos de engenharia. Sua capacidade de encontrar soluções de maneira eficiente em espaços de alta dimensionalidade o torna uma ferramenta poderosa para a próxima geração de computadores quânticos, com o potencial de transformar a maneira como resolvemos problemas em muitos campos da ciência e da engenharia.

A exploração contínua do Algoritmo de Grover e de outros algoritmos quânticos continuará a desempenhar um papel crucial no avanço da computação quântica, abrindo novas possibilidades para o futuro da tecnologia e da ciência da computação.

CAPÍTULO 7: PROTOCOLOS DE CRIPTOGRAFIA QUÂNTICA

A criptografia quântica representa uma evolução fundamental na maneira como concebemos e implementamos a segurança da informação. Diferente da criptografia clássica, que baseia sua segurança na dificuldade computacional de certos problemas matemáticos, a criptografia quântica utiliza as leis da mecânica quântica para garantir a segurança das comunicações. Essa abordagem oferece garantias de segurança que são, em princípio, inquebráveis, pois qualquer tentativa de interceptação ou espionagem necessariamente perturba o sistema quântico de maneira detectável.

A criptografia quântica explora fenômenos como a superposição e o entrelaçamento para realizar tarefas de segurança de maneira que seria impossível com sistemas clássicos. Um dos principais exemplos de aplicação da criptografia quântica é a distribuição de chaves quânticas (QKD, do inglês Quantum Key Distribution), que permite a criação de uma chave secreta compartilhada entre duas partes, com a garantia de que qualquer tentativa de interceptação da chave será detectada.

Um dos primeiros e mais conhecidos protocolos de criptografia quântica é o protocolo BB84, desenvolvido por Charles Bennett e Gilles Brassard em 1984. O BB84 é um protocolo de distribuição de chave quântica que utiliza as propriedades da mecânica quântica para garantir que a chave gerada seja completamente segura. No BB84, a informação é codificada em qubits, que são transmitidos entre duas partes, tradicionalmente chamadas de Alice (o remetente) e Bob (o destinatário).

O BB84 funciona da seguinte maneira: Alice escolhe uma

sequência de bits aleatórios e, para cada bit, ela escolhe aleatoriamente uma das duas bases quânticas possíveis para codificar o bit. As duas bases mais comuns utilizadas são a base de retângulos e a base de diagonais, que correspondem a dois conjuntos diferentes de estados quânticos ortogonais. Alice então envia os qubits codificados para Bob. Bob, por sua vez, mede cada qubit usando uma base também escolhida aleatoriamente. Como as bases de Alice e Bob podem ou não coincidir, há uma probabilidade de 50% de Bob medir o qubit na mesma base em que Alice o codificou.

Após a transmissão dos qubits, Alice e Bob se comunicam por um canal clássico, não seguro, para comparar as bases utilizadas em cada qubit. Eles descartam os qubits onde as bases não coincidiram e mantêm apenas os qubits onde as bases coincidiram. O resultado dessa filtragem é uma sequência de bits compartilhada entre Alice e Bob, que pode ser usada como uma chave secreta para criptografia simétrica.

Uma característica crucial do BB84 é sua capacidade de detectar a presença de um espião, tradicionalmente chamado de Eve. Se Eve tentar interceptar e medir os qubits transmitidos, a mecânica quântica garante que suas medições irão perturbar os estados dos qubits, introduzindo erros na sequência de bits. Alice e Bob podem então realizar um procedimento de verificação para calcular a taxa de erro da chave gerada. Se a taxa de erro estiver abaixo de um determinado limiar, a chave é considerada segura; caso contrário, a comunicação é abandonada e o processo é reiniciado.

Outro protocolo importante de criptografia quântica é o protocolo E91, proposto por Artur Ekert em 1991. Diferente do BB84, o protocolo E91 baseia-se no entrelaçamento quântico para realizar a distribuição de chaves. No E91, pares de qubits entrelaçados são gerados por uma fonte confiável e enviados para Alice e Bob. Como os qubits estão entrelaçados, as medições realizadas por Alice e Bob em seus respectivos qubits estão correlacionadas de maneira que depende da configuração de medição que eles escolhem.

Uma das principais vantagens do E91 é que ele oferece segurança baseada na desigualdade de Bell, um teste que pode ser realizado para verificar a natureza quântica do entrelaçamento e garantir que nenhum espião tenha interceptado os qubits. Se a desigualdade de Bell for violada, isso indica que as medições de Alice e Bob estão correlacionadas de maneira não explicável por variáveis ocultas clássicas, confirmando que a chave gerada é segura.

A segurança oferecida pela criptografia quântica, tanto no BB84 quanto no E91, está enraizada em princípios fundamentais da mecânica quântica, como o teorema de não clonagem, que afirma que é impossível criar uma cópia exata de um estado quântico desconhecido. Isso significa que, ao contrário dos métodos de criptografia clássica, onde um espião pode copiar e armazenar dados criptografados para tentar quebrá-los posteriormente, na criptografia quântica qualquer tentativa de copiar os qubits alterará inevitavelmente seu estado, alertando Alice e Bob sobre a presença de um espião.

Além disso, a criptografia quântica oferece uma solução para um dos maiores problemas enfrentados pela criptografia clássica: a resistência a ataques quânticos. Algoritmos clássicos de criptografia, como RSA e criptografia de curva elíptica, são baseados na dificuldade de problemas matemáticos específicos, como a fatoração de números inteiros e o logaritmo discreto. No entanto, esses problemas podem ser resolvidos de maneira eficiente por algoritmos quânticos, como o Algoritmo de Shor, em computadores quânticos suficientemente poderosos. Isso coloca em risco a segurança de todos os sistemas que dependem dessas técnicas clássicas.

A criptografia quântica, por outro lado, não depende da dificuldade computacional de problemas matemáticos, mas sim das leis fundamentais da física. Isso a torna, em princípio, resistente a qualquer forma de ataque, incluindo aqueles realizados por computadores quânticos. Dessa forma, a criptografia quântica é vista como uma das soluções mais promissoras para garantir a segurança da informação em um futuro onde a computação quântica se torne uma realidade.

Além dos protocolos de distribuição de chaves, a criptografia quântica também abrange outras áreas, como a criptografia de mensagens e a verificação de integridade. Por exemplo, protocolos de autenticação quântica permitem que duas partes verifiquem a identidade uma da outra sem revelar informações sensíveis a um espião. Da mesma forma, protocolos de assinatura digital quântica podem ser desenvolvidos para garantir que uma mensagem não foi alterada durante a transmissão.

No entanto, apesar de suas promessas, a criptografia quântica ainda enfrenta desafios técnicos significativos. A implementação prática de sistemas de criptografia quântica requer a construção de redes quânticas que possam transmitir qubits de maneira confiável por longas distâncias, o que é um desafio devido à fragilidade dos estados quânticos. A perda de qubits, a decoerência e o ruído são problemas que precisam ser mitigados para que a criptografia quântica se torne amplamente utilizável.

Atualmente, muitas dessas limitações técnicas estão sendo abordadas por meio de pesquisa e desenvolvimento em áreas como a correção de erros quânticos, a repetição quântica (quantum repeaters) e a comunicação quântica de longo alcance. A correção de erros quânticos visa detectar e corrigir erros que ocorrem durante a transmissão e o processamento de qubits, enquanto os repetidores quânticos são dispositivos projetados para estender a distância na qual qubits podem ser transmitidos sem perda significativa de informação. Com esses avanços, espera-se que a criptografia quântica possa ser implementada em uma escala global, protegendo informações críticas em uma variedade de indústrias.

Além de garantir a segurança das comunicações, a criptografia quântica também tem o potencial de transformar a maneira como as redes de computadores funcionam. Em uma rede quântica, as informações podem ser transmitidas de maneira absolutamente segura, o que tem implicações profundas para áreas como as finanças, a saúde, o governo e a defesa. A capacidade de enviar dados confidenciais com a garantia de que eles não podem ser interceptados pode revolucionar a segurança da informação e criar novos padrões para a privacidade e a confidencialidade dos dados.

Outro campo emergente é o da computação segura quântica, onde vários participantes podem realizar cálculos em conjunto sem revelar suas entradas individuais, utilizando protocolos quânticos de computação multipartidária segura. Isso pode ter aplicações em áreas como a análise de dados em saúde, onde várias instituições podem colaborar na análise de dados sensíveis sem comprometer a privacidade dos pacientes.

O desenvolvimento contínuo da criptografia quântica promete oferecer soluções inovadoras para os desafios de segurança da informação que se avizinham em um mundo cada vez mais interconectado. À medida que a tecnologia avança e as redes quânticas se tornam uma realidade, a criptografia quântica provavelmente desempenhará um papel central na proteção de informações e na garantia de que a privacidade e a segurança sejam mantidas em um ambiente digital em constante evolução.

A exploração dos protocolos de criptografia quântica, como o BB84 e o E91, não é apenas uma prova do poder da mecânica quântica aplicada à segurança, mas também um sinal de que estamos apenas começando a entender e aproveitar as capacidades da tecnologia quântica. Com o tempo, à medida que os desafios técnicos forem superados, a criptografia quântica poderá se tornar a norma, oferecendo uma segurança impenetrável que não pode ser comprometida, independentemente dos avanços na tecnologia de computação.

CAPÍTULO 8: COMPUTAÇÃO QUÂNTICA E INTELIGÊNCIA ARTIFICIAL

A interseção entre computação quântica e inteligência artificial (IA) representa um dos campos mais promissores e emocionantes da tecnologia moderna. Ao combinar as capacidades incomparáveis da computação quântica com os avanços rápidos da IA, pesquisadores e engenheiros estão começando a explorar novos horizontes, onde algoritmos de machine learning (ML) e outras técnicas de IA podem ser significativamente acelerados e aprimorados. Essa sinergia não apenas promete resolver problemas computacionais que são intratáveis para os computadores clássicos, mas também tem o potencial de transformar indústrias inteiras e abrir novas fronteiras na pesquisa científica.

A computação quântica oferece uma vantagem única sobre os sistemas clássicos, explorando fenômenos como a superposição e o entrelaçamento para realizar cálculos em espaços de estados exponencialmente maiores. Em um computador clássico, as operações são realizadas de forma sequencial ou paralela em bits, que podem estar em um de dois estados, 0 ou 1. Já na computação quântica, os qubits podem existir em uma superposição de estados, permitindo que múltiplas operações sejam realizadas simultaneamente. Essa propriedade é especialmente poderosa em problemas que envolvem a análise e processamento de grandes volumes de dados, como aqueles encontrados em aplicações de IA.

Um dos principais desafios da inteligência artificial, especialmente em áreas como machine learning, é o tempo e os recursos computacionais necessários para treinar modelos em grandes conjuntos de dados. Algoritmos como redes neurais profundas, aprendizado de reforço e clustering exigem uma quantidade significativa de poder computacional para ajustar milhões, ou até bilhões, de parâmetros. A computação quântica pode ajudar a mitigar esses desafios ao acelerar certas partes do processo de treinamento, como a otimização de funções de perda e a busca por soluções ótimas em espaços de parâmetros complexos.

Modelos quânticos de machine learning são uma área emergente que explora esses conceitos. Um exemplo é o algoritmo de aprendizado quântico supervisionado, onde os qubits são usados para codificar dados e os operadores quânticos são aplicados para ajustar os pesos do modelo de maneira eficiente. A superposição permite que múltiplos caminhos de aprendizado sejam explorados simultaneamente, enquanto o entrelaçamento pode ser utilizado para capturar correlações complexas entre as características dos dados.

Outro exemplo relevante é o algoritmo de clustering quântico, que pode ser utilizado para agrupar dados em clusters de maneira muito mais rápida do que os métodos clássicos. Em um cenário clássico, algoritmos como o k-means exigem várias iterações para convergir a uma solução, especialmente em grandes conjuntos de dados. O algoritmo de clustering quântico, por outro lado, utiliza a Transformada de Fourier Quântica (QFT) e outras técnicas quânticas para encontrar rapidamente as distâncias entre pontos de dados em um espaço de alta dimensionalidade, o que pode acelerar significativamente o processo de clustering.

Estudos de caso iniciais demonstram o potencial desses algoritmos quânticos de IA em aplicações práticas. Em finanças, por exemplo, modelos de previsão de mercado que dependem da análise de grandes volumes de dados históricos podem se beneficiar da computação quântica para realizar simulações e otimizações em tempo real. Ao utilizar algoritmos quânticos para calcular rapidamente as trajetórias possíveis de preços de ativos, as instituições financeiras podem tomar decisões mais informadas e reagir rapidamente a mudanças no mercado.

Na área da saúde, a computação quântica pode acelerar o processo de descoberta de medicamentos, que tradicionalmente requer a análise de grandes conjuntos de dados biológicos e químicos. Algoritmos de machine learning quântico podem ser usados para identificar padrões e correlações em dados de experimentos, sugerindo novas combinações de moléculas ou identificando interações potenciais entre proteínas que poderiam levar ao desenvolvimento de novos tratamentos. Isso pode reduzir drasticamente o tempo necessário para trazer novos medicamentos ao mercado, salvando vidas e reduzindo custos.

Um outro campo que se beneficia da interseção entre computação quântica e IA é a otimização de processos industriais. Muitas indústrias, como a manufatura e a logística, dependem de algoritmos de otimização para melhorar a eficiência e reduzir custos. No entanto, os problemas de otimização em grande escala, como o roteamento de veículos ou a alocação de recursos em uma cadeia de suprimentos, podem ser extremamente complexos e demorados para resolver com algoritmos clássicos. A computação quântica pode abordar esses problemas utilizando algoritmos como a otimização quadrática binária quântica (QUBO) e o recozimento quântico, que exploram as propriedades dos qubits para encontrar soluções ótimas de maneira mais eficiente.

Além disso, a pesquisa em redes neurais quânticas (QNNs) está em pleno desenvolvimento, com a promessa de criar redes neurais que possam processar informações de maneira mais eficiente do que as redes neurais clássicas. Nas QNNs, os qubits são utilizados para representar neurônios, e as conexões entre os qubits são ajustadas para realizar operações de aprendizado. Devido à superposição e ao entrelaçamento, as QNNs podem processar informações em paralelo e capturar padrões complexos que seriam difíceis de detectar com redes neurais clássicas. Isso pode resultar em uma aceleração significativa do aprendizado e na capacidade de resolver problemas mais difíceis.

A integração de técnicas quânticas em frameworks de machine learning existentes é outra área promissora. Frameworks como TensorFlow Quantum e PennyLane estão sendo desenvolvidos para permitir que pesquisadores e engenheiros implementem algoritmos quânticos de aprendizado diretamente em seus pipelines de machine learning. Esses frameworks fornecem ferramentas para criar e treinar modelos quânticos, bem como para simular o comportamento desses modelos em computadores clássicos. Com esses recursos, é possível experimentar com modelos híbridos que combinam o melhor da computação quântica e clássica, explorando as vantagens de ambos os paradigmas.

A combinação de IA e computação quântica também levanta questões importantes sobre a segurança e a ética. A capacidade de processar grandes volumes de dados rapidamente e identificar padrões complexos pode levar a avanços significativos, mas também pode ser usada para fins maliciosos ou para criar sistemas de vigilância intrusivos. À medida que essas tecnologias avançam, é essencial que sejam desenvolvidas diretrizes éticas claras para garantir que sejam utilizadas de maneira responsável e para o benefício da sociedade como um todo.

A interseção entre computação quântica e IA não se limita apenas à aceleração de algoritmos existentes, mas também abre a porta para novas abordagens e paradigmas de aprendizado que seriam impossíveis de implementar em sistemas clássicos. Um exemplo é o aprendizado por reforço quântico, onde agentes quânticos interagem com ambientes complexos para aprender a tomar decisões ótimas. Em ambientes com um número muito grande de estados possíveis, a superposição quântica pode permitir que o agente explore múltiplos estados simultaneamente, acelerando o processo de aprendizado.

Além disso, a computação quântica pode ajudar a superar alguns dos principais desafios enfrentados pela IA hoje, como o problema da interpretabilidade e a generalização em modelos de aprendizado profundo. Com a capacidade de realizar cálculos mais complexos e explorar espaços de soluções maiores, os algoritmos quânticos podem oferecer novas maneiras de entender como os modelos de IA tomam decisões e como essas decisões podem ser aplicadas de maneira mais eficaz em diferentes contextos.

A colaboração entre cientistas da computação, físicos e especialistas em IA será crucial para realizar todo o potencial dessa interseção. Ao combinar conhecimentos de diferentes disciplinas, é possível desenvolver algoritmos quânticos que não apenas aceleram as tarefas de IA, mas também abrem novas áreas de pesquisa e aplicação. A pesquisa contínua em computação quântica e IA está começando a mostrar que o futuro dessas tecnologias está entrelaçado, com cada campo potencializando o outro de maneiras que ainda estamos começando a entender.

Em conclusão, a interseção entre computação quântica e inteligência artificial promete transformar a maneira como abordamos problemas complexos em uma variedade de campos. Com a capacidade de acelerar algoritmos de IA, criar novos modelos de aprendizado e resolver problemas que antes eram intratáveis, essa combinação pode levar a avanços significativos na ciência, na indústria e na sociedade como um todo. À medida que as tecnologias quânticas continuam a evoluir e a integração com a IA se torna mais profunda, o impacto dessas inovações será sentido em todas as áreas da vida moderna, desde a pesquisa científica até a tomada de decisões empresariais e a segurança global.

CAPÍTULO 9: SENSORES QUÂNTICOS E COMUNICAÇÕES QUÂNTICAS

A física quântica, com suas propriedades e fenômenos únicos, abriu novas fronteiras em diversas áreas da tecnologia, além da computação. Sensores quânticos e comunicações quânticas representam duas dessas áreas emergentes, que estão rapidamente ganhando destaque devido ao seu potencial revolucionário. Enquanto sensores quânticos prometem alcançar níveis de precisão que superam em muito os limites dos dispositivos clássicos, as comunicações quânticas oferecem uma segurança intrínseca que pode transformar a maneira como trocamos informações confidenciais. A combinação dessas tecnologias com a infraestrutura de satélites quânticos está começando a moldar um futuro onde a física quântica desempenha um papel central em nossa vida cotidiana.

Sensores quânticos são dispositivos que utilizam as propriedades quânticas de partículas, como átomos e fótons, para medir grandezas físicas com uma precisão que seria impossível de alcançar com sensores convencionais. Esses sensores tiram proveito de fenômenos quânticos como a superposição e o entrelaçamento para detectar pequenas variações em campos gravitacionais, magnéticos, elétricos, ou em outras grandezas físicas. Um exemplo de sensor quântico é o interferômetro atômico, que usa átomos resfriados a temperaturas próximas do zero absoluto para medir variações no campo gravitacional com uma precisão sem precedentes. Esses sensores podem ser aplicados em uma variedade de campos, desde a geofísica, para mapear com precisão as variações na gravidade da Terra, até a medicina, para criar imagens de alta resolução do corpo humano.

Um dos avanços mais significativos em sensores quânticos

é a utilização de estados entrelaçados para aumentar a sensibilidade dos dispositivos. O entrelaçamento permite que múltiplas partículas sejam correlacionadas de tal maneira que a medição de uma afeta imediatamente o estado das outras, independentemente da distância que as separa. Esse efeito pode ser explorado para criar sensores que respondem de maneira mais eficiente a pequenas variações nas grandezas físicas que estão sendo medidas. Por exemplo, magnetômetros quânticos, que utilizam átomos entrelaçados, podem detectar variações extremamente pequenas em campos magnéticos, tornando-os úteis em aplicações como a detecção de materiais magnéticos ocultos ou a medição precisa da atividade cerebral.

Além disso, a superposição quântica permite que os sensores realizem múltiplas medições simultaneamente, aumentando a eficiência e a precisão das leituras. Em dispositivos como acelerômetros quânticos, essa capacidade pode ser usada para medir a aceleração com uma precisão extremamente alta, o que é essencial para aplicações como a navegação de precisão e o controle de veículos autônomos. Sensores quânticos também têm o potencial de revolucionar a área de detecção de tempo, com relógios atômicos quânticos que oferecem uma precisão de cronometragem sem precedentes. Esses relógios são essenciais para sistemas de navegação por satélite, como o GPS, onde a precisão do tempo é crítica para a determinação exata da localização.

No campo das comunicações, a comunicação quântica oferece uma nova abordagem para a transmissão segura de informações. Diferente das comunicações clássicas, onde a segurança é baseada em problemas computacionais difíceis de resolver, as comunicações quânticas utilizam as leis da mecânica quântica para garantir a segurança das mensagens. A comunicação quântica é mais comumente associada à distribuição de chaves quânticas (QKD), um método que permite a criação de uma chave criptográfica segura compartilhada entre duas partes. A segurança da QKD é garantida pelo fato de que qualquer tentativa de interceptação ou espionagem altera o estado dos qubits envolvidos, alertando os usuários sobre a presença de um intruso.

Além da distribuição de chaves, as comunicações quânticas também podem ser utilizadas para criar redes de comunicação altamente seguras que são imunes à maioria dos ataques cibernéticos conhecidos. A base para essas redes é a criação de canais de comunicação quânticos, que permitem a transmissão de informações em um estado quântico. Uma das implementações mais promissoras dessas redes é a rede de teleportação quântica, onde o estado quântico de uma partícula é transmitido de um local para outro sem que a partícula física em si seja enviada. Esse processo, conhecido como teleportação quântica, foi demonstrado experimentalmente e pode ser utilizado para criar canais de comunicação instantâneos e extremamente seguros.

Os avanços em comunicações quânticas também estão sendo potencializados pelo uso de satélites quânticos, que podem expandir a área de cobertura das redes quânticas para uma escala global. Satélites quânticos utilizam canais de comunicação quânticos para transmitir informações entre diferentes locais na Terra, aproveitando a ausência de interferências e a baixa atenuação do espaço exterior para manter a integridade dos estados quânticos durante a transmissão. Um dos primeiros satélites quânticos a ser lançado foi o Micius, um satélite chinês que demonstrou a viabilidade da comunicação quântica por satélite em 2017. O Micius foi capaz de realizar experiências de teletransporte quântico e de distribuição de chaves quânticas entre diferentes continentes, abrindo caminho para o desenvolvimento de uma internet quântica global.

A comunicação quântica por satélite tem várias aplicações potenciais. Além de fornecer uma infraestrutura segura para a transmissão de informações sensíveis, essa tecnologia pode ser utilizada para melhorar a segurança das transações financeiras internacionais, proteger as comunicações militares e diplomáticas, e fornecer uma base segura para a Internet das Coisas (IoT). A IoT, em particular, pode se beneficiar da comunicação quântica segura, uma vez que o número crescente de dispositivos conectados aumenta a superfície de ataque e a vulnerabilidade a ciberataques. Ao utilizar chaves quânticas para criptografar as comunicações entre dispositivos IoT, é possível garantir que esses dispositivos permaneçam seguros contra intrusões e manipulações.

Além das comunicações, os satélites quânticos também podem ser usados para realizar experiências de física fundamental em uma escala sem precedentes. A ausência de gravidade e a baixa interferência no espaço exterior permitem que estados quânticos delicados sejam mantidos por períodos mais longos, o que é essencial para testar os limites da mecânica quântica e explorar novas teorias físicas. Essas experiências podem fornecer insights valiosos sobre a natureza da realidade quântica e sobre como as leis quânticas interagem com a gravidade e outras forças fundamentais.

Outro campo emergente é o uso de sensores quânticos para monitorar o ambiente espacial. Sensores quânticos a bordo de satélites podem ser utilizados para detectar variações no campo magnético da Terra, medir a composição da atmosfera e monitorar a radiação cósmica com uma precisão sem precedentes. Esses dados podem ser usados para melhorar a previsão do clima espacial, que é essencial para proteger satélites, astronautas e infraestruturas na Terra de tempestades solares e outros eventos cósmicos.

As tecnologias quânticas estão, portanto, começando a moldar o futuro das comunicações e da detecção, oferecendo soluções que superam as limitações dos métodos clássicos. A combinação de sensores quânticos de alta precisão e comunicações quânticas seguras com a infraestrutura de satélites quânticos representa um avanço significativo em nossa capacidade de entender e interagir com o mundo ao nosso redor. Essas tecnologias não apenas aumentam nossa compreensão do universo, mas também têm o potencial de transformar a maneira como vivemos, trabalhamos e nos comunicamos.

À medida que a pesquisa e o desenvolvimento nessas áreas continuam, espera-se que sensores quânticos e comunicações quânticas se tornem uma parte integrante da tecnologia do futuro. Desde a detecção precisa de fenômenos naturais até a proteção de informações sensíveis, essas inovações quânticas estão estabelecendo as bases para uma nova era de tecnologia avançada e segurança aprimorada. Com o tempo, a integração dessas tecnologias em sistemas comerciais e industriais provavelmente mudará fundamentalmente nossa infraestrutura global, oferecendo novas oportunidades e desafios em igual medida.

CAPÍTULO 10: COMPUTADORES QUÂNTICOS PRÁTICOS

O desenvolvimento de computadores quânticos práticos representa uma das fronteiras mais desafiadoras e promissoras da ciência e tecnologia modernas. Esses dispositivos, que exploram as propriedades da mecânica quântica para realizar cálculos que seriam inviáveis em computadores clássicos, estão começando a sair do campo teórico para se tornarem ferramentas reais com aplicações potenciais em diversas áreas, desde a criptografia até a simulação de sistemas complexos. No entanto, a construção de computadores quânticos práticos enfrenta desafios significativos, como a decoerência e o ruído quântico, que precisam ser superados para que esses dispositivos alcancem seu pleno potencial.

Uma das plataformas mais conhecidas e desenvolvidas no campo dos computadores quânticos é a IBM Q, um projeto da IBM que visa construir computadores quânticos universais acessíveis tanto para pesquisadores quanto para empresas. A IBM Q utiliza qubits supercondutores, que são pequenas estruturas de metal resfriadas a temperaturas extremamente baixas, próximas do zero absoluto. Esses qubits supercondutores funcionam como os blocos de construção fundamentais do computador quântico, capazes de representar e manipular informações em estados de superposição e entrelaçamento.

Os processadores quânticos da IBM Q, como o IBM Q System One, foram desenvolvidos para fornecer uma plataforma estável e escalável para experimentação e desenvolvimento de algoritmos quânticos. O IBM Q System One é composto por um conjunto de qubits supercondutores integrados em um ambiente controlado, que minimiza a interferência externa e mantém os qubits em um estado quântico por tempo suficiente para realizar cálculos. A IBM também oferece acesso a seus computadores quânticos por meio de uma plataforma em nuvem, o IBM Quantum Experience, onde pesquisadores e desenvolvedores podem criar e testar algoritmos quânticos em tempo real.

Outro grande nome no desenvolvimento de computadores quânticos é o Google, com seu processador quântico Sycamore. Em 2019, o Google anunciou que havia alcançado a "supremacia quântica" com o Sycamore, realizando um cálculo específico em cerca de 200 segundos que, segundo eles, levaria 10.000 anos para ser realizado pelo supercomputador clássico mais poderoso da época. O Sycamore utiliza uma arquitetura baseada em qubits supercondutores, semelhante à do IBM Q, mas com um design otimizado para reduzir erros e maximizar a coerência quântica.

O Sycamore foi projetado para realizar cálculos de forma eficiente e com baixa taxa de erro, abordando um dos maiores desafios na construção de computadores quânticos: a correção de erros quânticos. A correção de erros é crucial porque os qubits são extremamente sensíveis a interferências externas, como o ruído térmico e eletromagnético, que podem causar a decoerência, um fenômeno em que o estado quântico de um qubit se perde, resultando em erros nos cálculos. Para mitigar esses efeitos, o Sycamore e outros processadores quânticos utilizam técnicas de correção de erros, como o código de superfície, que distribui a informação quântica em vários qubits redundantes para proteger contra erros.

Além de IBM e Google, outra empresa que tem feito avanços significativos na computação quântica é a Rigetti Computing. Rigetti desenvolve processadores quânticos também baseados em qubits supercondutores e oferece acesso a esses dispositivos por meio de uma plataforma em nuvem chamada Forest. Rigetti se diferencia por sua abordagem híbrida, que combina computação quântica e clássica para resolver problemas de otimização e machine learning. A empresa desenvolveu uma linguagem de programação específica para computação quântica, chamada Quil (Quantum Instruction Language), que permite aos desenvolvedores criar algoritmos que aproveitam tanto os recursos quânticos quanto os clássicos.

Uma característica distintiva da abordagem da Rigetti é o foco na integração da computação quântica com sistemas clássicos, facilitando a implementação de soluções práticas para problemas do mundo real. Isso é especialmente relevante em áreas como a otimização de portfólios financeiros, onde os algoritmos quânticos podem ser usados para explorar rapidamente um grande espaço de soluções, enquanto os algoritmos clássicos refinam as soluções encontradas para garantir que sejam viáveis e aplicáveis.

Apesar dos avanços promissores, a construção de computadores quânticos práticos enfrenta vários desafios técnicos que ainda precisam ser resolvidos. A decoerência, como mencionado anteriormente, é um dos maiores obstáculos. A decoerência ocorre quando um qubit interage com seu ambiente, resultando na perda de informações quânticas e na falha dos cálculos. Para minimizar a decoerência, os qubits são mantidos a temperaturas extremamente baixas, muitas vezes utilizando refrigeradores de diluição que operam a frações de grau acima do zero absoluto. Mesmo assim, a decoerência não pode ser completamente eliminada, e os desenvolvedores de hardware quântico precisam continuamente melhorar a estabilidade dos qubits e a precisão das operações quânticas.

Outro desafio significativo é o ruído quântico, que pode introduzir erros nos cálculos e reduzir a fidelidade dos resultados. O ruído pode ser causado por uma variedade de fatores, incluindo flutuações no campo magnético, vibrações mecânicas e até mesmo radiação cósmica. Para lidar com o ruído quântico, os engenheiros estão desenvolvendo técnicas avançadas de isolamento e blindagem, além de algoritmos de correção de erros que podem detectar e corrigir erros sem destruir a informação quântica. A correção de erros quânticos é uma área ativa de pesquisa, e o sucesso nesta área será crucial para o desenvolvimento de computadores quânticos escaláveis e confiáveis.

A escalabilidade também é um desafio importante. Construir computadores quânticos com um grande número de qubits interconectados é uma tarefa complexa, pois cada qubit adicional aumenta exponencialmente a dificuldade de manter o sistema coeso e funcional. Além disso, a interconexão de qubits em larga escala requer uma arquitetura de controle sofisticada, capaz de operar e monitorar milhares ou milhões de qubits simultaneamente. Pesquisas estão em andamento para desenvolver novas arquiteturas de qubits e sistemas de controle que possam suportar a escalabilidade necessária para computadores quânticos de grande porte.

Além das plataformas mencionadas, há outras abordagens emergentes na construção de computadores quânticos. Por exemplo, a IonQ utiliza íons presos em armadilhas eletromagnéticas como qubits. Essa abordagem, conhecida como armadilhas de íons, permite que os qubits sejam manipulados com alta precisão utilizando lasers. Os qubits de íons presos são conhecidos por sua longa coerência, o que os torna promissores para cálculos de longa duração. A IonQ está desenvolvendo processadores quânticos que utilizam essa tecnologia e já disponibilizou alguns de seus dispositivos para uso em nuvem, permitindo que pesquisadores explorem suas capacidades.

Outra abordagem interessante é a computação quântica baseada em fótons, onde os qubits são representados por estados de fótons (partículas de luz). A computação quântica fotônica tem o potencial de operar em temperatura ambiente e de integrar-se facilmente com as tecnologias de telecomunicações existentes, como a fibra óptica. Embora essa abordagem ainda esteja em estágios iniciais de desenvolvimento em comparação com as plataformas de qubits supercondutores e íons presos, ela oferece uma via promissora para o desenvolvimento de computadores quânticos que possam ser mais facilmente escalados e integrados em infraestruturas de rede.

O sucesso no desenvolvimento de computadores quânticos práticos não apenas revolucionará a ciência da computação, mas também terá um impacto profundo em muitas outras áreas, incluindo a química, a biologia, a física e as finanças. Por exemplo, a capacidade de simular moléculas complexas com precisão quântica poderia acelerar significativamente a descoberta de novos medicamentos e materiais. Em finanças, a otimização de portfólios e a análise de risco poderiam ser realizadas com uma eficiência sem precedentes, levando a estratégias de investimento mais robustas.

À medida que o desenvolvimento de hardware quântico avança, é provável que vejamos uma convergência de diferentes abordagens e tecnologias. Empresas como IBM, Google, Rigetti, IonQ, e outras continuarão a inovar e a competir para construir os primeiros computadores quânticos verdadeiramente práticos e escaláveis. O caminho para essa meta é cheio de desafios técnicos e científicos, mas as recompensas prometem ser transformadoras.

Além disso, o desenvolvimento de plataformas de software que possam aproveitar plenamente as capacidades dos computadores quânticos será essencial para sua adoção em larga escala. Linguagens de programação quântica, frameworks de desenvolvimento e ferramentas de simulação estão sendo criadas para permitir que desenvolvedores de software e cientistas aproveitem ao máximo as capacidades dos computadores quânticos, mesmo antes de esses dispositivos estarem amplamente disponíveis.

O futuro da computação quântica é incerto, mas cheio de possibilidades. O progresso contínuo na construção de computadores quânticos práticos, combinando avanços em hardware e software, promete desbloquear novas formas de resolver problemas que antes eram considerados insolúveis. Esses avanços não apenas desafiam nossas concepções atuais sobre computação, mas também preparam o terreno para uma nova era de inovação e descoberta científica.

CAPÍTULO 11: LINGUAGENS DE PROGRAMAÇÃO QUÂNTICA

A programação quântica é uma área emergente que se desenvolve paralelamente ao avanço dos computadores quânticos. À medida que esses computadores se tornam mais poderosos e acessíveis, surge a necessidade de linguagens de programação que possam explorar plenamente suas capacidades. Diferentemente da programação clássica, onde os desenvolvedores trabalham com bits que estão em estados definidos de 0 ou 1, na programação quântica os programadores lidam com qubits que podem existir em superposições desses estados e estar entrelaçados com outros qubits. Isso requer uma abordagem diferente para a criação de algoritmos e a manipulação de dados.

Diversas linguagens de programação quântica foram desenvolvidas para facilitar a implementação de algoritmos quânticos e a interação com hardware quântico. Essas linguagens oferecem abstrações que permitem aos programadores focar no desenvolvimento de soluções quânticas, sem precisar lidar diretamente com a complexidade subjacente do hardware quântico. Abaixo, são apresentadas algumas das principais linguagens de programação quântica, juntamente com exemplos de código e casos de uso que ilustram como essas ferramentas estão sendo aplicadas.

Qiskit

Qiskit é uma das linguagens de programação quântica mais populares e amplamente utilizadas. Desenvolvida pela IBM, Qiskit é uma plataforma de código aberto que permite a programação e execução de algoritmos quânticos em dispositivos quânticos reais e simulados. Qiskit é composto por uma série de módulos que facilitam a construção de circuitos quânticos, a simulação de algoritmos quânticos e a execução de experimentos em computadores quânticos da IBM.

Qiskit utiliza Python como linguagem base, o que facilita a adoção por desenvolvedores que já estão familiarizados com Python. A sintaxe de Qiskit é projetada para ser intuitiva, permitindo que os usuários criem circuitos quânticos rapidamente e realizem operações quânticas básicas, como a aplicação de portas Hadamard, CNOT, e outras.

Exemplo de Código com Qiskit:

python

```
from qiskit import QuantumCircuit, Aer, execute

# Criando um circuito quântico com 2 qubits
circuit = QuantumCircuit(2)

# Aplicando uma porta Hadamard no primeiro qubit
circuit.h(0)

# Aplicando uma porta CNOT entre o primeiro e o segundo qubit
circuit.cx(0, 1)

# Medindo os qubits
circuit.measure_all()

# Executando o circuito em um simulador
simulator = Aer.get_backend('qasm_simulator')
result = execute(circuit, backend=simulator).result()

# Exibindo os resultados
print(result.get_counts())
```

Esse exemplo cria um circuito quântico simples onde um estado de Bell é gerado ao aplicar uma porta Hadamard no primeiro qubit e uma porta CNOT no segundo. O circuito é então simulado usando o backend de simulação do Qiskit, e os resultados da medição são exibidos. Esse tipo de circuito é fundamental em muitos algoritmos quânticos, pois explora a superposição e o entrelaçamento, dois dos principais fenômenos da computação quântica.

Qiskit é amplamente utilizado tanto na pesquisa quanto na educação, com muitas universidades e instituições de pesquisa utilizando a plataforma para ensinar computação quântica e desenvolver novos algoritmos. A IBM também oferece uma série de tutoriais e documentação que ajudam os usuários a se familiarizarem com a plataforma e a explorarem suas capacidades.

Quipper

Quipper é uma linguagem de programação quântica que foi desenvolvida para ser altamente expressiva e modular, permitindo a criação de algoritmos quânticos complexos. Ao contrário de Qiskit, que é baseado em Python, Quipper foi desenvolvido em Haskell, uma linguagem funcional. Quipper foi projetada para ser usada em pesquisa, oferecendo uma maneira eficiente de descrever grandes circuitos quânticos e manipular informações quânticas.

Uma das características mais poderosas do Quipper é sua capacidade de compor circuitos quânticos de maneira modular. Isso significa que os desenvolvedores podem construir circuitos quânticos complexos a partir de blocos menores e reutilizáveis, facilitando a construção de algoritmos quânticos de grande escala.

Exemplo de Código com Quipper:

haskell

```
import Quipper

-- Função que implementa uma porta CNOT
cnot_example :: Qubit -> Qubit -> Circ ()
cnot_example q1 q2 = do
  q1 <- hadamard q1
  q2 <- qnot q2 `controlled` q1
```

```
return ()

-- Função principal
main = print_simple Preview cnot_example
```

Esse exemplo em Quipper cria uma porta CNOT, controlada por um qubit e aplicada a outro. A linguagem funcional de Quipper permite que os circuitos sejam expressos de maneira concisa e que operações quânticas sejam compostas de maneira modular. Quipper é frequentemente utilizado em pesquisas acadêmicas onde há necessidade de descrever circuitos quânticos complexos que não seriam fáceis de implementar em linguagens menos expressivas.

Quipper tem sido usado em várias pesquisas de ponta, incluindo simulações quânticas e a implementação de algoritmos de correção de erros quânticos. Sua capacidade de expressar circuitos quânticos de forma eficiente a torna uma ferramenta valiosa para cientistas que buscam explorar as fronteiras da computação quântica.

Q#

Q# (pronuncia-se "Q-sharp") é a linguagem de programação quântica desenvolvida pela Microsoft como parte de sua plataforma Quantum Development Kit (QDK). Q# é projetada para criar e simular algoritmos quânticos, e integra-se com o ambiente de desenvolvimento Visual Studio, oferecendo aos desenvolvedores uma experiência familiar e poderosa para a programação quântica.

Q# é uma linguagem projetada especificamente para a programação quântica, com suporte para a criação de operações quânticas, simulação de circuitos, e a integração de lógica clássica com operações quânticas. Ela permite a execução de algoritmos quânticos tanto em simuladores quanto em hardware quântico, e suporta a criação de programas híbridos que combinam computação quântica e clássica.

Exemplo de Código com Q#:

qsharp

```
namespace Quantum.Example {
    open Microsoft.Quantum.Intrinsic;
    open Microsoft.Quantum.Canon;

    operation BellStateExample() : Result[] {
        using (qubits = Qubit[2]) {
            H(qubits[0]);
            CNOT(qubits[0], qubits[1]);
            return [M(qubits[0]), M(qubits[1])];
        }
    }
}
```

Esse código em Q# cria um estado de Bell, semelhante ao exemplo mostrado em Qiskit, mas com a sintaxe e as estruturas oferecidas por Q#. A linguagem foi projetada para ser clara e intuitiva, facilitando a criação de operações quânticas e a combinação de lógica clássica com circuitos quânticos.

A Microsoft tem promovido Q# como uma ferramenta essencial para o desenvolvimento de algoritmos quânticos, oferecendo uma integração robusta com sua infraestrutura de nuvem Azure e simuladores quânticos de alta fidelidade. Isso permite que os desenvolvedores testem seus algoritmos quânticos em grande escala e explorem suas aplicações em diferentes domínios, como criptografia, otimização e machine learning.

Cirq

Cirq é outra linguagem de programação quântica desenvolvida pelo Google, com um foco particular na criação, simulação e execução de algoritmos quânticos em processadores quânticos baseados em portas. Cirq foi projetada para ser altamente flexível e acessível, oferecendo uma plataforma para desenvolver algoritmos quânticos em nível de portas, onde os desenvolvedores têm controle detalhado sobre cada operação quântica.

Cirq é escrito em Python, o que torna sua sintaxe familiar para muitos desenvolvedores. Ela oferece um conjunto de ferramentas para criar circuitos quânticos personalizados e executar esses circuitos em simuladores ou em processadores quânticos do Google, como o Sycamore.

Exemplo de Código com Cirq:

python

```
import cirq

# Criando qubits
qubit1, qubit2 = cirq.LineQubit.range(2)

# Criando um circuito
circuit = cirq.Circuit(
    cirq.H(qubit1),          # Aplicando uma porta Hadamard no qubit 1
    cirq.CNOT(qubit1, qubit2),  # Aplicando uma porta CNOT com qubit 1 como controle e qubit 2 como alvo
    cirq.measure(qubit1, qubit2) # Medindo os qubits
)

# Simulando o circuito
simulator = cirq.Simulator()
result = simulator.run(circuit)

# Exibindo os resultados
print(result)
```

Cirq permite que os desenvolvedores criem circuitos quânticos detalhados e os simulem para analisar seu comportamento antes de executar em hardware quântico real. A plataforma é ideal para pesquisadores e engenheiros que precisam de controle granular sobre o design e a execução de algoritmos quânticos.

O Google tem utilizado Cirq como parte de sua infraestrutura para pesquisas em computação quântica, incluindo experimentos que levaram à demonstração da supremacia quântica. A flexibilidade de Cirq e sua integração com o ecossistema Python a tornam uma escolha popular para desenvolvimento quântico, especialmente em ambientes de pesquisa e academia.

Outras Linguagens de Programação Quântica

Além das linguagens mencionadas, existem várias outras que estão sendo desenvolvidas para atender a diferentes necessidades no campo da programação quântica. Por exemplo:

- **Strawberry Fields:** Desenvolvida pela Xanadu, Strawberry Fields é uma plataforma para computação quântica fotônica. Ela oferece ferramentas para simular e executar algoritmos quânticos usando fótons como qubits, explorando as propriedades da luz para realizar cálculos quânticos.

- **PyQuil:** Criada pela Rigetti Computing, PyQuil é uma linguagem baseada em Python que permite a programação e execução de algoritmos quânticos em dispositivos quânticos da Rigetti. Ela é projetada para integrar computação quântica e clássica, permitindo a criação de algoritmos híbridos.

- **OpenQASM:** Uma linguagem de montagem para programação quântica, OpenQASM (Quantum Assembly Language) foi desenvolvida pela IBM para permitir a codificação em nível de hardware. Ela oferece um baixo nível de controle sobre operações quânticas, ideal para desenvolvedores que precisam otimizar o desempenho em dispositivos quânticos específicos.

Cada uma dessas linguagens de programação quântica tem seu próprio conjunto de características e casos de uso, permitindo que os desenvolvedores escolham a ferramenta que melhor se adapta às suas necessidades. À medida que a computação quântica continua a evoluir, é provável que novas linguagens surjam e que as existentes continuem a se aprimorar, oferecendo ainda mais opções para programadores e cientistas.

As linguagens de programação quântica representam a ponte entre o hardware quântico e os algoritmos que podem ser executados nesses dispositivos. Elas permitem que os desenvolvedores criem, testem e executem algoritmos quânticos de maneira eficiente, contribuindo para o avanço da computação quântica como um todo. Com o aumento do interesse e da pesquisa na área, essas linguagens continuarão a desempenhar um papel crucial no desenvolvimento de soluções quânticas inovadoras.

CAPÍTULO 12: SIMULADORES QUÂNTICOS

Simuladores quânticos desempenham um papel crucial no desenvolvimento e teste de algoritmos quânticos, servindo como um intermediário vital entre a teoria quântica e a implementação prática em hardware quântico. Esses simuladores permitem que pesquisadores, engenheiros e cientistas testem, verifiquem e refine seus algoritmos quânticos sem as limitações e desafios técnicos associados ao uso de computadores quânticos físicos. Ao fornecer uma plataforma flexível e acessível, os simuladores quânticos aceleram o avanço da computação quântica, tornando possível a experimentação e o aprendizado em um ambiente controlado.

Os simuladores quânticos são essencialmente softwares que emulam o comportamento de computadores quânticos. Eles permitem a simulação de qubits, portas quânticas e circuitos quânticos em computadores clássicos, facilitando a análise do comportamento de algoritmos quânticos em uma escala que, muitas vezes, seria impraticável ou impossível de alcançar em hardware quântico real. Embora não possam replicar perfeitamente as complexidades e a dinâmica completa de um computador quântico físico, os simuladores quânticos oferecem uma aproximação suficiente para que algoritmos possam ser desenvolvidos, testados e otimizados antes de serem executados em dispositivos quânticos reais.

Uma das principais vantagens dos simuladores quânticos é que eles permitem a execução de algoritmos quânticos sem a interferência de ruído quântico e decoerência, problemas que ainda limitam a fidelidade das operações em hardware quântico real. Isso significa que os simuladores podem fornecer resultados ideais, permitindo que os desenvolvedores entendam o desempenho teórico máximo de seus algoritmos. Além disso, os simuladores quânticos oferecem uma flexibilidade que os computadores quânticos reais ainda não conseguem proporcionar, como a capacidade de testar circuitos quânticos com um número muito maior de qubits do que os disponíveis nos dispositivos físicos atuais.

Um exemplo de simulador quântico amplamente utilizado é o **Qiskit Aer**, parte do framework Qiskit desenvolvido pela IBM. Qiskit Aer é um simulador quântico que permite a simulação de circuitos quânticos em diferentes níveis de detalhe, desde simulações ideais até simulações que incluem modelos de ruído quântico para refletir o comportamento de hardware quântico real. A integração de Qiskit Aer com a plataforma Qiskit facilita a transição do desenvolvimento de algoritmos em um ambiente simulado para sua execução em dispositivos quânticos reais, como o IBM Q.

Exemplo Prático de Uso com Qiskit Aer:

python

```python
from qiskit import QuantumCircuit, Aer, execute

# Criando um circuito quântico simples
circuit = QuantumCircuit(2)
circuit.h(0) # Aplicando a porta Hadamard no primeiro qubit
circuit.cx(0, 1) # Aplicando a porta CNOT
circuit.measure_all()

# Usando o simulador Qiskit Aer
simulator = Aer.get_backend('qasm_simulator')
result = execute(circuit, backend=simulator).result()
counts = result.get_counts()

# Exibindo os resultados
print("Resultado da simulação:", counts)
```

Neste caso, um circuito quântico simples é criado e simulado usando Qiskit Aer. O simulador emula o comportamento do circuito como ele seria executado em um computador quântico real, mas sem os desafios de decoerência ou ruído. Isso permite que os desenvolvedores vejam os resultados teóricos perfeitos de seus algoritmos antes de tentar executá-los em hardware quântico físico.

Outro simulador quântico notável é o **Cirq**, desenvolvido pelo Google. Cirq é um framework para a criação, simulação e execução de algoritmos quânticos, projetado para trabalhar em estreita colaboração com o hardware quântico do Google, como o processador Sycamore. Cirq permite que os usuários construam circuitos quânticos detalhados e os simulem em seus próprios computadores clássicos, fornecendo uma ferramenta poderosa para o desenvolvimento de algoritmos quânticos avançados.

Exemplo Prático de Uso com Cirq:

python

```
import cirq

# Definindo qubits
qubit1, qubit2 = cirq.LineQubit.range(2)

# Criando um circuito quântico
circuit = cirq.Circuit(
    cirq.H(qubit1),          # Aplicando a porta Hadamard no qubit 1
    cirq.CNOT(qubit1, qubit2),   # Aplicando a porta CNOT
    cirq.measure(qubit1, qubit2) # Medindo os qubits
)

# Simulando o circuito
simulator = cirq.Simulator()
result = simulator.run(circuit, repetitions=1000)

# Exibindo os resultados
print(result)
```

Cirq oferece uma plataforma para simular circuitos quânticos complexos, permitindo aos desenvolvedores explorar como diferentes configurações de qubits e portas quânticas afetam os resultados dos algoritmos. Assim como Qiskit Aer, Cirq também fornece suporte para modelos de ruído, permitindo que os usuários testem como seus algoritmos se comportariam em hardware quântico imperfeito.

Enquanto simuladores como Qiskit Aer e Cirq são amplamente utilizados para o desenvolvimento de algoritmos quânticos, existem outros simuladores que atendem a diferentes necessidades e oferecem funcionalidades específicas. Por exemplo:

- **Forest (PyQuil)**: Desenvolvido pela Rigetti Computing, Forest é uma plataforma de desenvolvimento quântico que inclui simuladores quânticos como o Quilc (Quantum Instruction Language Compiler) e o QVM (Quantum Virtual Machine). PyQuil, uma interface Python para Forest, permite que os desenvolvedores criem e testem algoritmos quânticos em um ambiente simulado antes de executá-los em hardware quântico da Rigetti.

- **Quantum Development Kit (QDK)**: O QDK da Microsoft inclui o simulador quântico integrado ao Q#, que permite a simulação de algoritmos quânticos diretamente no ambiente de desenvolvimento Visual Studio. O QDK suporta a simulação de até 30 qubits com alta precisão e oferece ferramentas para a simulação de ruído quântico e a correção de erros.

- **Strawberry Fields**: Desenvolvido pela Xanadu, Strawberry Fields é um simulador para computação quântica fotônica. Ele permite a simulação de circuitos quânticos baseados em fótons, oferecendo uma plataforma para explorar algoritmos quânticos que utilizam luz ao invés de matéria como qubits.

Simuladores quânticos também desempenham um papel essencial na educação e no treinamento de novos pesquisadores em computação quântica. Eles permitem que os alunos experimentem com algoritmos quânticos sem a necessidade de acesso a hardware quântico caro ou escasso. Com o uso de simuladores, os alunos podem visualizar como os qubits interagem e como diferentes operações quânticas influenciam os resultados dos algoritmos. Essa experiência prática é fundamental para a compreensão dos conceitos quânticos e para o desenvolvimento de habilidades em programação quântica.

Uma questão importante que os desenvolvedores enfrentam ao trabalhar com simuladores quânticos é a diferença entre os resultados simulados e aqueles obtidos em hardware quântico real. Enquanto os simuladores podem fornecer resultados perfeitos, o hardware quântico físico é suscetível a vários tipos de erros, como ruído quântico e decoerência, que podem distorcer os resultados. Isso significa que, embora os simuladores sejam ferramentas valiosas para o desenvolvimento e o teste de algoritmos, é crucial validar esses algoritmos em hardware real para garantir que eles funcionem conforme o esperado em condições reais.

Além disso, à medida que os computadores quânticos reais se tornam mais poderosos, a diferença entre a simulação e a execução real tende a diminuir. No entanto, o uso de simuladores continuará a ser uma prática comum, especialmente para o desenvolvimento inicial e a experimentação com novos algoritmos, antes de investir o tempo e os recursos necessários para executar esses algoritmos em hardware quântico real.

Comparar simuladores quânticos com a execução em hardware quântico real destaca algumas das principais vantagens e limitações de cada abordagem. Os simuladores oferecem um ambiente livre de erros onde os desenvolvedores podem experimentar com total controle sobre as condições do sistema quântico. Eles permitem a execução de algoritmos com um número de qubits maior do que seria possível em dispositivos físicos e oferecem ferramentas poderosas para depuração e análise. Por outro lado, a execução em hardware quântico real expõe os algoritmos às realidades práticas da computação quântica, como a necessidade de correção de erros e a gestão de decoerência, fornecendo insights críticos sobre o desempenho em condições reais.

A integração de simuladores quânticos com plataformas de hardware também permite um ciclo de desenvolvimento contínuo, onde os algoritmos são inicialmente desenvolvidos e testados em um ambiente simulado, refinados com base nos resultados, e finalmente validados em hardware real. Esse ciclo de desenvolvimento iterativo é essencial para o avanço da computação quântica, permitindo que os algoritmos evoluam para se tornarem mais robustos e eficientes.

Simuladores quânticos continuam a desempenhar um papel vital no avanço da pesquisa e do desenvolvimento em computação quântica. À medida que mais recursos e ferramentas são adicionados a essas plataformas, espera-se que elas continuem a ser uma parte fundamental do ecossistema quântico, capacitando a próxima geração de desenvolvedores e cientistas a explorar todo o potencial da computação quântica. A colaboração entre simuladores e hardware real, juntamente com o progresso contínuo em técnicas de correção de erros e na construção de computadores quânticos mais estáveis, será o motor que impulsionará a computação quântica do domínio da pesquisa para aplicações práticas em larga escala.

CAPÍTULO 13: APLICAÇÕES NA INDÚSTRIA FINANCEIRA

A computação quântica promete transformar diversos setores da economia, e a indústria financeira é uma das áreas onde seu impacto pode ser mais profundo. Desde a modelagem de risco até a otimização de portfólios e a precificação de derivativos, a capacidade dos computadores quânticos de processar grandes volumes de dados e resolver problemas complexos de maneira exponencialmente mais rápida do que os computadores clássicos oferece uma oportunidade única para o setor financeiro. À medida que a tecnologia quântica continua a avançar, instituições financeiras em todo o mundo estão começando a explorar como essa nova forma de computação pode melhorar a eficiência, reduzir os riscos e abrir novas oportunidades de negócios.

Modelagem de Risco

A modelagem de risco é uma das áreas mais cruciais na indústria financeira, onde a capacidade de prever e gerenciar riscos pode determinar o sucesso ou o fracasso de uma instituição. Tradicionalmente, a modelagem de risco envolve a análise de grandes volumes de dados históricos para prever o comportamento futuro dos mercados e dos ativos financeiros. Isso pode incluir a avaliação de risco de crédito, risco de mercado, risco operacional e risco de liquidez. No entanto, a natureza complexa dos mercados financeiros e a interdependência dos fatores que influenciam os riscos tornam essa tarefa extremamente desafiadora, mesmo para os computadores clássicos mais poderosos.

A computação quântica oferece uma abordagem radicalmente diferente para a modelagem de risco. Os algoritmos quânticos, como o Algoritmo de Grover e a Transformada de Fourier Quântica, têm o potencial de acelerar significativamente o processo de análise de risco. Por exemplo, o Algoritmo de Grover pode ser usado para realizar buscas eficientes em grandes bases de dados de histórico de transações e eventos de mercado, identificando rapidamente padrões e anomalias que podem indicar riscos potenciais. Além disso, a capacidade de realizar simulações complexas em espaços de estado quântico pode permitir que os analistas de risco explorem cenários que seriam computacionalmente proibitivos em sistemas clássicos.

A modelagem de risco baseada em computação quântica também pode melhorar a precisão das previsões, permitindo que as instituições financeiras tomem decisões mais informadas. A capacidade de simular o impacto de diferentes eventos de mercado em tempo real e de ajustar os modelos de risco à medida que novas informações se tornam disponíveis é um dos aspectos mais promissores dessa tecnologia. Isso não apenas aumenta a resiliência das instituições financeiras a choques econômicos, mas também permite uma melhor alocação de capital e gerenciamento de portfólios.

Otimização de Portfólios

A otimização de portfólios é outra área onde a computação quântica pode ter um impacto transformador. A otimização de portfólios envolve a seleção de uma combinação de ativos que maximiza o retorno esperado para um dado nível de risco ou, alternativamente, minimiza o risco para um dado nível de retorno esperado. Esse problema, conhecido como o problema de otimização de carteiras de Markowitz, é um dos pilares da teoria moderna de portfólios.

No entanto, a otimização de portfólios é um problema complexo, especialmente quando o número de ativos e as restrições impostas ao portfólio aumentam. A busca pela combinação ótima de ativos que satisfaça todas as restrições impostas é um problema que cresce exponencialmente em complexidade à medida que o número de ativos aumenta, tornando-se intratável para computadores clássicos em grandes escalas.

A computação quântica, por outro lado, oferece novas técnicas para resolver problemas de otimização, como o recozimento quântico (quantum annealing) e a otimização quadrática binária quântica (QUBO). Esses métodos permitem que os qubits explorem simultaneamente múltiplas soluções potenciais, convergindo rapidamente para a solução ótima ou quase ótima.

Empresas como D-Wave têm liderado o uso de recozimento quântico para otimização de portfólios. Ao codificar o problema de otimização como um problema de minimização de energia em um sistema quântico, o recozimento quântico pode encontrar rapidamente a combinação de ativos que minimiza o risco ou maximiza o retorno esperado. Essa abordagem não apenas acelera o processo de otimização, mas também permite a consideração de um número muito maior de fatores e restrições, proporcionando soluções mais robustas e adaptáveis a diferentes condições de mercado.

Além disso, a capacidade dos computadores quânticos de lidar com problemas de otimização em tempo real abre novas possibilidades para a gestão dinâmica de portfólios. Isso significa que os gestores de portfólios podem ajustar suas carteiras de ativos de forma mais ágil e precisa em resposta a mudanças nas condições de mercado, melhorando o desempenho e a resiliência dos portfólios.

Precificação de Derivativos

A precificação de derivativos é uma tarefa essencial no setor financeiro, que envolve a determinação do valor justo de contratos financeiros derivados, como opções, futuros e swaps. A complexidade da precificação de derivativos surge da necessidade de modelar e simular uma ampla gama de fatores de mercado, incluindo taxas de juros, volatilidade dos preços dos ativos subjacentes e o tempo até o vencimento.

Um dos métodos mais comuns para a precificação de derivativos é o modelo de Black-Scholes, que fornece uma fórmula para precificar opções europeias com base em suposições sobre a dinâmica dos preços dos ativos subjacentes. No entanto, em muitos casos, especialmente em derivativos mais complexos, como opções americanas ou opções exóticas, a precificação precisa de simulações complexas de Monte Carlo, que são extremamente exigentes em termos de recursos computacionais.

A computação quântica pode revolucionar a precificação de derivativos ao acelerar essas simulações e melhorar a precisão das estimativas. Algoritmos quânticos, como a Simulação de Monte Carlo Quântica, podem realizar simulações estocásticas de maneira muito mais eficiente do que seus equivalentes clássicos, permitindo que milhares ou milhões de cenários de mercado sejam avaliados em uma fração do tempo necessário em sistemas clássicos.

Por exemplo, o algoritmo de Monte Carlo Quântico utiliza a superposição e o paralelismo quântico para avaliar simultaneamente múltiplos caminhos de preços dos ativos, calculando as médias necessárias para a precificação de derivativos de forma exponencialmente mais rápida. Essa aceleração é particularmente valiosa em mercados voláteis, onde a capacidade de reagir rapidamente a mudanças nos preços dos ativos é crucial para a lucratividade e a gestão de risco.

Além disso, a capacidade da computação quântica de lidar com a complexidade intrínseca dos derivativos exóticos, que podem ter múltiplos ativos subjacentes e características não lineares, oferece uma vantagem significativa. A computação quântica pode permitir que as instituições financeiras explorem novos tipos de produtos derivados e estratégias de hedging que anteriormente eram impossíveis de modelar de maneira eficaz.

Algoritmos Quânticos Aplicáveis à Área Financeira

Diversos algoritmos quânticos específicos têm sido identificados como altamente aplicáveis à área financeira. Além dos mencionados anteriormente, como o Algoritmo de Grover e a Simulação de Monte Carlo Quântica, outros algoritmos estão sendo adaptados e explorados para aplicações financeiras.

Um exemplo é o Algoritmo de Shor, que é conhecido por sua capacidade de fatorar números inteiros grandes de maneira exponencialmente mais rápida do que os métodos clássicos. Embora originalmente desenvolvido para criptografia, o Algoritmo de Shor pode ser adaptado para resolver problemas financeiros complexos, como a análise de séries temporais e a decomposição de matrizes grandes em modelos de risco.

Outro algoritmo relevante é o Algoritmo de Otimização de Quedas (Quantum Optimization Algorithm), que é projetado para resolver problemas de otimização não convexos que frequentemente surgem em finanças, como a otimização de carteiras com restrições não lineares ou a alocação de ativos sob cenários de incerteza.

Além disso, a Transformada de Fourier Quântica (QFT) tem aplicações em finanças, especialmente na análise de séries temporais e na transformação de dados para fins de modelagem preditiva. A QFT pode ser utilizada para decompor sinais financeiros complexos em componentes de frequência, ajudando os analistas a identificar padrões e tendências que não são visíveis em dados brutos.

Esses algoritmos quânticos, quando aplicados à finança, não apenas aceleram processos computacionalmente intensivos, mas também abrem novas oportunidades para inovação em produtos financeiros, gestão de risco e estratégias de investimento.

Perspectivas Futuras

À medida que a tecnologia quântica continua a evoluir, as aplicações na indústria financeira estão apenas começando a ser exploradas. No futuro, é provável que os computadores quânticos se tornem uma ferramenta indispensável para instituições financeiras, permitindo que elas realizem análises mais sofisticadas, desenvolvam novos produtos e serviços financeiros e gerenciem riscos de maneira mais eficaz.

A integração da computação quântica com outras tecnologias emergentes, como inteligência artificial e big data, pode amplificar ainda mais seu impacto no setor financeiro. Por exemplo, a combinação de algoritmos de machine learning quântico com a capacidade de processar grandes volumes de dados em tempo real pode levar à criação de sistemas de trading automatizados altamente eficientes, capazes de identificar oportunidades de mercado com maior precisão e reagir a elas em milissegundos.

Além disso, a computação quântica pode desempenhar um papel fundamental na melhoria da segurança cibernética no setor financeiro. Com a ameaça crescente de ataques cibernéticos e a necessidade de proteger transações financeiras, a criptografia quântica oferece uma solução robusta para garantir a segurança das comunicações e dos dados financeiros.

No entanto, a adoção da computação quântica no setor financeiro também enfrentará desafios, incluindo a necessidade de desenvolver novas competências e habilidades, a adaptação de infraestruturas tecnológicas e a gestão dos riscos associados à implementação de tecnologias emergentes. As instituições financeiras precisarão investir em pesquisa e desenvolvimento para explorar plenamente as capacidades da computação quântica e garantir que estejam preparadas para a próxima era da tecnologia financeira.

Em resumo, a computação quântica tem o potencial de transformar profundamente a indústria financeira, oferecendo novas ferramentas para modelagem de risco, otimização de portfólios, precificação de derivativos e muito mais. À medida que essa tecnologia avança, as instituições financeiras que estiverem na vanguarda da adoção quântica estarão melhor posicionadas para prosperar em um mercado cada vez mais complexo e competitivo.

CAPÍTULO 14: COMPUTAÇÃO QUÂNTICA NA QUÍMICA COMPUTACIONAL

A química computacional é uma área científica que se beneficia enormemente dos avanços em tecnologia de computação, e a computação quântica promete revolucionar esse campo ao oferecer capacidades de simulação e modelagem molecular que vão além do que é possível com computadores clássicos. A habilidade dos computadores quânticos de simular sistemas quânticos complexos com alta precisão abre novas possibilidades para a descoberta de materiais, o design de novos medicamentos e a compreensão profunda das reações químicas fundamentais. À medida que a computação quântica continua a evoluir, seu impacto na química computacional está se tornando cada vez mais evidente, com aplicações que podem transformar a pesquisa científica e a inovação industrial.

Simulação de Moléculas Complexas

Um dos maiores desafios na química computacional é a simulação precisa de moléculas complexas. Moléculas grandes, como proteínas, enzimas e compostos orgânicos, exibem comportamentos eletrônicos complexos que são difíceis de modelar com precisão usando métodos clássicos. Isso ocorre porque os sistemas moleculares são governados pelas leis da mecânica quântica, onde as interações entre elétrons e núcleos atômicos criam um número quase infinito de estados possíveis, resultando em cálculos de energia e estrutura que crescem exponencialmente em complexidade à medida que o número de átomos aumenta.

Métodos clássicos de química computacional, como a Teoria

do Funcional da Densidade (DFT) e a Teoria do Campo Auto-Consistente (SCF), são amplamente utilizados para calcular as propriedades eletrônicas e estruturais de moléculas. No entanto, esses métodos fazem aproximações que limitam sua precisão, especialmente para sistemas grandes e fortemente correlacionados. Além disso, o tempo de computação necessário para realizar esses cálculos em sistemas grandes pode ser proibitivo, mesmo em supercomputadores.

A computação quântica oferece uma solução para essas limitações, pois os computadores quânticos são intrinsecamente capazes de simular sistemas quânticos. Um dos métodos mais promissores para a simulação molecular em computadores quânticos é o algoritmo de Simulação de Hamiltonianos Quânticos, que permite a simulação direta das interações quânticas entre partículas em uma molécula. Com esse algoritmo, os computadores quânticos podem calcular os estados de energia de uma molécula com uma precisão muito maior do que a possível com métodos clássicos, permitindo a exploração de reações químicas complexas e a descoberta de novos materiais.

Por exemplo, a simulação da molécula de FeMoco (ferrimolibdênio-cofactor), que é responsável pela fixação de nitrogênio em bactérias, é um desafio significativo para a química computacional clássica devido à complexidade de seus estados eletrônicos. No entanto, a computação quântica oferece a possibilidade de simular com precisão a estrutura eletrônica de FeMoco, permitindo uma compreensão mais profunda dos processos de fixação de nitrogênio. Essa compreensão poderia levar ao desenvolvimento de catalisadores mais eficientes para a produção de amônia, um componente fundamental para fertilizantes, com implicações significativas para a agricultura e a produção de alimentos.

Descoberta de Novos Materiais

A descoberta de novos materiais é uma área de pesquisa intensiva que depende fortemente da capacidade de prever as propriedades de novos compostos antes de sua síntese. Materiais com propriedades específicas, como supercondutividade, alta resistência ao calor ou propriedades magnéticas especiais, têm aplicações em eletrônica, energia, transporte e muitos outros setores. No entanto, a busca por novos materiais é frequentemente um processo lento e caro, que envolve experimentação extensiva e modelagem computacional intensiva.

A computação quântica tem o potencial de acelerar a descoberta de materiais ao permitir simulações precisas de propriedades materiais em escala atômica. Com a capacidade de simular as interações quânticas em sólidos, líquidos e interfaces, os computadores quânticos podem prever como novos materiais se comportarão sob diferentes condições, incluindo temperatura, pressão e campo magnético. Isso pode reduzir significativamente o tempo necessário para identificar materiais com propriedades desejadas, permitindo uma abordagem mais direcionada e eficiente para a pesquisa de materiais.

A descoberta de novos materiais supercondutores, que conduzem eletricidade sem resistência a temperaturas relativamente altas, é um dos desafios mais importantes na física de materiais. A supercondutividade a altas temperaturas tem o potencial de revolucionar o transporte de energia, reduzindo as perdas de energia elétrica e permitindo a criação de dispositivos eletrônicos mais eficientes. A computação quântica pode ajudar a identificar novos candidatos a supercondutores ao simular com precisão as interações eletrônicas em materiais complexos, que são fundamentais para o fenômeno da supercondutividade.

Outro exemplo é a pesquisa de materiais para baterias de próxima geração. A demanda por baterias com maior densidade de energia, maior durabilidade e menor custo está crescendo rapidamente com a expansão dos mercados de veículos elétricos e armazenamento de energia renovável. A computação quântica pode acelerar a descoberta de materiais de eletrodos e eletrólitos com propriedades otimizadas, permitindo o desenvolvimento de baterias que superem as limitações das tecnologias atuais, como as baterias de íon-lítio.

Aceleração da Pesquisa em Química Computacional

Além de melhorar a precisão das simulações e acelerar a descoberta de novos materiais, a computação quântica também pode transformar a pesquisa em química computacional ao permitir a exploração de reações químicas complexas que são difíceis ou impossíveis de simular com métodos clássicos. Isso inclui reações envolvendo estados excitados, transições de fase quânticas e interações não lineares, que são fundamentais para entender fenômenos como fotossíntese, catálise enzimática e dinâmicas moleculares em materiais complexos.

A capacidade de simular esses processos em computadores quânticos pode levar a avanços significativos em áreas como a química verde, onde a otimização de reações químicas para minimizar o uso de energia e a geração de resíduos é uma prioridade. Por exemplo, a descoberta de catalisadores mais eficientes para a produção de combustíveis limpos, como o hidrogênio, é uma área onde a computação quântica pode ter um impacto direto. Ao simular com precisão as reações catalíticas em escala atômica, os cientistas podem identificar os catalisadores mais promissores e ajustar suas propriedades para maximizar a eficiência.

A computação quântica também pode desempenhar um papel crucial na química medicinal, onde a descoberta de novos medicamentos depende da capacidade de modelar com precisão as interações entre pequenas moléculas e alvos biológicos, como proteínas. A simulação quântica de docking molecular, onde a conformação de uma molécula se ajusta para se ligar a um alvo específico, pode acelerar a identificação de compostos candidatos a medicamentos com alta afinidade e especificidade. Isso pode reduzir o tempo e o custo do desenvolvimento de medicamentos, permitindo a criação de terapias mais eficazes e personalizadas.

Além disso, a computação quântica pode ser utilizada para

simular e entender processos de auto-organização em sistemas biológicos e materiais, como a formação de estruturas supramoleculares, que são importantes em campos como a nanotecnologia e a biotecnologia. A capacidade de prever como as moléculas se auto-organizam em diferentes condições pode levar ao desenvolvimento de novos materiais e dispositivos com propriedades emergentes, que são difíceis de obter com técnicas de fabricação convencionais.

Perspectivas Futuras

Embora a computação quântica ainda esteja em seus estágios iniciais de desenvolvimento, as aplicações potenciais na química computacional são vastas e promissoras. À medida que os computadores quânticos se tornam mais poderosos e acessíveis, espera-se que eles se tornem uma ferramenta indispensável para pesquisadores e indústrias que buscam inovação em química e ciência dos materiais.

A integração da computação quântica com outras tecnologias emergentes, como inteligência artificial e machine learning, também pode ampliar ainda mais suas aplicações. Por exemplo, algoritmos de machine learning quântico podem ser utilizados para identificar padrões em grandes volumes de dados químicos e para otimizar modelos de simulação quântica, tornando o processo de descoberta de materiais e medicamentos ainda mais eficiente.

No entanto, a transição para a computação quântica na química computacional não será sem desafios. A necessidade de desenvolver novos métodos e algoritmos, bem como a adaptação de infraestruturas tecnológicas e o treinamento de cientistas em novas técnicas, exigirá investimentos significativos em pesquisa e desenvolvimento. Além disso, a cooperação entre universidades, instituições de pesquisa e a indústria será fundamental para explorar plenamente as capacidades da computação quântica e traduzir suas promessas em avanços concretos.

Em suma, a computação quântica tem o potencial de transformar a química computacional ao fornecer ferramentas poderosas para simular moléculas complexas, descobrir novos materiais e acelerar a pesquisa em várias áreas da ciência. À medida que essa tecnologia continua a avançar, ela promete abrir novas fronteiras na ciência dos materiais, na química medicinal e em muitas outras áreas que dependem da compreensão detalhada das interações moleculares e quânticas. Com o tempo, a computação quântica pode se tornar uma peça central na pesquisa científica, possibilitando descobertas que anteriormente eram consideradas impossíveis.

CAPÍTULO 15: IMPACTOS NA SAÚDE E BIOTECNOLOGIA

A computação quântica está emergindo como uma tecnologia que promete transformar profundamente o campo da saúde e da biotecnologia. Com sua capacidade de processar e simular sistemas biológicos complexos com uma precisão sem precedentes, os computadores quânticos oferecem novas ferramentas para o entendimento de processos biológicos, a descoberta de fármacos, e o desenvolvimento de terapias inovadoras. À medida que a tecnologia quântica avança, as aplicações na saúde e na biotecnologia têm o potencial de melhorar significativamente a forma como doenças são tratadas, prevenidas e diagnosticadas, levando a melhores resultados para pacientes em todo o mundo.

Simulação de Proteínas

As proteínas são as moléculas fundamentais que realizam uma vasta gama de funções essenciais nos organismos vivos, desde a catálise de reações bioquímicas até o suporte estrutural das células. A função de uma proteína está intimamente ligada à sua estrutura tridimensional, que é determinada pela sequência de aminoácidos que a compõe. A compreensão detalhada da estrutura e do comportamento das proteínas é, portanto, crucial para muitas áreas da biologia e da medicina, incluindo a pesquisa de novos medicamentos, a biotecnologia e o diagnóstico de doenças.

Um dos grandes desafios da biologia computacional é a previsão precisa da estrutura tridimensional das proteínas com base em sua sequência de aminoácidos, um problema conhecido como predição de estrutura proteica. Esse problema é particularmente difícil porque o número de conformações possíveis que uma proteína pode adotar cresce exponencialmente com o tamanho da molécula, tornando-o intratável para métodos de computação clássica. Apesar dos avanços em técnicas como a cristalografia de raios X e a espectroscopia de ressonância magnética nuclear (RMN), que podem determinar experimentalmente as estruturas proteicas, esses métodos são caros, demorados e não podem ser aplicados a todas as proteínas.

A computação quântica oferece uma abordagem inovadora para a simulação de proteínas. Ao explorar as propriedades da mecânica quântica, como superposição e entrelaçamento, os computadores quânticos podem simular as interações quânticas entre os átomos que compõem uma proteína de forma muito mais eficiente do que os métodos clássicos. Essa capacidade permite a previsão precisa da estrutura de proteínas, facilitando o design de novos fármacos que podem se ligar a essas proteínas de maneira específica e eficaz.

Além da predição de estrutura, a computação quântica pode ajudar na simulação da dinâmica proteica, que é crucial para entender como as proteínas funcionam em diferentes ambientes e como elas interagem com outras moléculas, como ligantes, cofatores e outras proteínas. A capacidade de simular essas interações em nível quântico permite a exploração de fenômenos como mudanças conformacionais e mecanismos de catálise enzimática, que são fundamentais para o funcionamento biológico das proteínas.

A aplicação da computação quântica na simulação de proteínas tem o potencial de acelerar significativamente a pesquisa em biologia estrutural e bioquímica, permitindo uma compreensão mais profunda dos processos moleculares que sustentam a vida. Essa compreensão pode levar ao desenvolvimento de novas terapias direcionadas, como inibidores específicos de proteínas envolvidas em doenças, e à identificação de novas vias terapêuticas para tratar condições que atualmente não têm opções de tratamento eficazes.

Descoberta de Fármacos

A descoberta de novos fármacos é um processo longo, complexo e caro, que pode levar anos, ou até décadas, e bilhões de dólares para se completar. Esse processo envolve várias etapas, desde a identificação de alvos moleculares e o desenvolvimento de compostos candidatos até a realização de testes pré-clínicos e clínicos para avaliar a segurança e a eficácia dos novos medicamentos. A computação desempenha um papel crucial em muitas dessas etapas, especialmente na triagem de compostos e na modelagem de interações entre fármacos e alvos biológicos.

No entanto, os métodos clássicos de descoberta de fármacos enfrentam limitações significativas. A modelagem das interações entre pequenas moléculas e proteínas-alvo, por exemplo, é um problema altamente complexo que requer a simulação precisa de forças intermoleculares, como ligações de hidrogênio, forças de van der Waals e interações eletrostáticas. Além disso, a dinâmica molecular dessas interações é governada por processos quânticos, que são difíceis de capturar com precisão usando métodos clássicos.

A computação quântica tem o potencial de superar essas limitações, permitindo simulações precisas de interações fármaco-alvo em nível quântico. Isso pode acelerar o processo de descoberta de fármacos ao permitir a triagem virtual de grandes bibliotecas de compostos e a identificação rápida de candidatos promissores. Além disso, a capacidade de modelar a dinâmica quântica dessas interações permite que os pesquisadores explorem como diferentes conformações de uma proteína podem influenciar a ligação de um fármaco, levando ao design de medicamentos mais eficazes e específicos.

Também pode ajudar na otimização de compostos candidatos, permitindo a exploração de pequenas modificações químicas que podem melhorar as propriedades farmacocinéticas e farmacodinâmicas de um fármaco. Isso inclui a otimização da absorção, distribuição, metabolismo e excreção (ADME) dos compostos, bem como a redução de efeitos colaterais indesejados.

Além da triagem de compostos e da modelagem de interações fármaco-alvo, a computação quântica pode ser aplicada à pesquisa de novos tipos de fármacos, como terapias baseadas em RNA e proteínas de fusão. Esses tipos de terapias envolvem interações moleculares complexas que são particularmente desafiadoras para a modelagem clássica, mas que podem ser abordadas de forma mais eficaz com simulações quânticas.

A integração da computação quântica com plataformas de descoberta de fármacos baseadas em inteligência artificial e big data pode ampliar ainda mais as possibilidades dessa tecnologia. A análise de grandes volumes de dados genômicos, proteômicos e metabolômicos pode ser combinada com simulações quânticas para identificar novos alvos terapêuticos e desenvolver terapias personalizadas que são adaptadas às necessidades específicas de cada paciente.

Outras Aplicações na Biotecnologia

Além da simulação de proteínas e da descoberta de fármacos, a computação quântica tem aplicações potenciais em várias outras áreas da biotecnologia. Uma dessas áreas é a engenharia de proteínas, onde a capacidade de modelar e prever como as mudanças na sequência de aminoácidos afetam a estrutura e a função de uma proteína é crucial para o desenvolvimento de enzimas e proteínas terapêuticas com propriedades melhoradas.

A engenharia de proteínas é amplamente utilizada na produção de biofármacos, como anticorpos monoclonais e hormônios recombinantes, bem como em aplicações industriais, como a produção de biocombustíveis e a degradação de poluentes ambientais. A computação quântica pode acelerar o desenvolvimento de proteínas engenheiradas ao permitir simulações precisas das interações entre aminoácidos e a previsão de como mutações específicas podem alterar a estabilidade e a atividade das proteínas.

Outra área promissora é a biologia sintética, onde a computação quântica pode ser utilizada para modelar e simular circuitos genéticos sintéticos e redes de regulação gênica. A biologia sintética envolve a construção de novos sistemas biológicos que podem realizar funções específicas, como a produção de biomoléculas valiosas ou a detecção de sinais ambientais. A capacidade de simular esses sistemas em nível quântico pode ajudar a otimizar seu desempenho e a prever como eles se comportarão em diferentes condições ambientais.

A computação quântica também pode ser aplicada à biotecnologia agrícola, onde o desenvolvimento de culturas geneticamente modificadas com propriedades melhoradas, como resistência a pragas e tolerância a estresses ambientais, depende de uma compreensão detalhada das interações moleculares entre genes, proteínas e fatores ambientais. Simulações quânticas podem ajudar a identificar novas vias metabólicas e a otimizar o uso de recursos como água e nutrientes, levando ao desenvolvimento de culturas mais resilientes e produtivas.

Além dessas aplicações, a computação quântica tem o potencial de transformar a pesquisa em doenças complexas, como o câncer e as doenças neurodegenerativas. Essas doenças são caracterizadas por interações moleculares e celulares altamente complexas que são difíceis de modelar e entender usando métodos clássicos. A capacidade de simular essas interações em nível quântico pode fornecer novos insights sobre os mecanismos subjacentes a essas doenças e levar ao desenvolvimento de terapias mais eficazes.

Perspectivas Futuras

À medida que a computação quântica continua a avançar, suas aplicações na saúde e na biotecnologia têm o potencial de revolucionar a forma como abordamos a pesquisa e o tratamento de doenças. A capacidade de simular sistemas biológicos complexos com alta precisão, de descobrir novos fármacos de maneira mais eficiente e de desenvolver tecnologias biotecnológicas inovadoras pode levar a avanços significativos na medicina e na saúde pública.

No entanto, a realização desse potencial dependerá de uma série de fatores, incluindo o desenvolvimento contínuo de hardware quântico mais poderoso e acessível, a criação de novos algoritmos quânticos específicos para aplicações biotecnológicas e a formação de uma nova geração de cientistas e engenheiros com habilidades em computação quântica. Além disso, a colaboração interdisciplinar entre cientistas da computação, biólogos, químicos e profissionais de saúde será essencial para explorar plenamente as capacidades da computação quântica e traduzi-las em benefícios tangíveis para a sociedade.

A computação quântica está posicionada para se tornar uma ferramenta indispensável na pesquisa em saúde e biotecnologia, permitindo que cientistas explorem novos horizontes e desenvolvam soluções inovadoras para alguns dos desafios mais difíceis enfrentados pela humanidade. À medida que essa tecnologia continua a evoluir, ela promete abrir novas possibilidades para a compreensão da vida em sua forma mais fundamental e para a melhoria da saúde e do bem-estar em todo o mundo.

CAPÍTULO 16: O FUTURO DA COMPUTAÇÃO QUÂNTICA

A computação quântica está no limiar de uma revolução tecnológica que promete transformar profundamente muitas áreas da ciência, tecnologia e sociedade. À medida que o campo continua a evoluir, as expectativas em torno do potencial da computação quântica aumentam, impulsionadas por avanços contínuos em hardware, software e teoria quântica. No entanto, o caminho à frente está repleto de desafios que precisam ser superados para que essa tecnologia atinja seu pleno potencial. O futuro da computação quântica é promissor, mas também complexo e incerto, envolvendo uma combinação de inovações tecnológicas, descobertas científicas e mudanças sociais e econômicas.

Previsões para a Computação Quântica

Nas próximas décadas, espera-se que a computação quântica avance significativamente, movendo-se de sua fase experimental atual para uma tecnologia mais madura e amplamente aplicada. Um dos marcos mais esperados é a realização da **supremacia quântica** em um contexto mais amplo e prático, onde computadores quânticos superam consistentemente os computadores clássicos em tarefas de importância prática. A supremacia quântica já foi demonstrada em experimentos isolados, mas sua aplicação em problemas do mundo real será um verdadeiro divisor de águas para a computação quântica.

A medida que a supremacia quântica se torna uma realidade em mais áreas, veremos o surgimento de **vantagens quânticas** em setores específicos, como finanças, química computacional, inteligência artificial e otimização industrial. Nessas áreas, a computação quântica permitirá a resolução de problemas que eram anteriormente intratáveis, possibilitando novos níveis de eficiência, inovação e descoberta. Isso, por sua vez, pode levar a uma explosão de novos aplicativos, produtos e serviços que aproveitam as capacidades exclusivas dos computadores quânticos.

Outra previsão importante é o **desenvolvimento de hardware quântico mais escalável e acessível**. Atualmente, os computadores quânticos ainda são caros e difíceis de operar, limitados a poucos laboratórios e empresas de tecnologia de ponta. No entanto, à medida que a tecnologia avança, espera-se que surjam novas arquiteturas de qubits, métodos de correção de erros e técnicas de controle que tornem os computadores quânticos mais robustos e fáceis de escalar. Isso poderia levar à disseminação da computação quântica em uma ampla gama de indústrias, tornando-a uma ferramenta comum em pesquisa científica, desenvolvimento de produtos e análise de dados.

A criação de **redes quânticas** também é uma área de grande interesse para o futuro da computação quântica. Redes quânticas permitirão a comunicação segura entre computadores quânticos, utilizando princípios de criptografia quântica para garantir a segurança dos dados transmitidos. Essas redes podem formar a base para uma nova internet quântica, que transformará a maneira como os dados são transmitidos e protegidos globalmente. A capacidade de entrelaçar qubits em locais distantes e de realizar teletransporte quântico em grande escala pode revolucionar as telecomunicações, a segurança cibernética e o compartilhamento de recursos computacionais.

O desenvolvimento de **algoritmos quânticos** mais avançados e específicos é outra área chave para o futuro. À medida que a compreensão dos princípios quânticos se aprofunda, novos algoritmos serão desenvolvidos para aproveitar ao máximo as capacidades dos computadores quânticos. Isso incluirá algoritmos para machine learning quântico, simulações complexas em física e química, otimização em grande escala, e outras áreas que podem se beneficiar do paralelismo e da superposição quântica. A criação de algoritmos híbridos, que combinam recursos quânticos e clássicos, também será uma área de inovação, oferecendo soluções que aproveitam o melhor dos dois mundos.

Desafios a Serem Superados

Apesar das promessas da computação quântica, vários desafios significativos precisam ser superados para que essa tecnologia alcance seu pleno potencial. Um dos maiores desafios é a **decoerência**. A decoerência ocorre quando os qubits, que são extremamente sensíveis ao ambiente, perdem suas propriedades quânticas devido a interações com o ambiente externo. Isso pode introduzir erros nos cálculos e limitar a capacidade dos computadores quânticos de realizar operações complexas por períodos prolongados. Resolver o problema da decoerência é crucial para a construção de computadores quânticos escaláveis e confiáveis.

A **correção de erros quânticos** é diretamente relacionada à decoerência e é outro desafio crítico. Diferente dos bits clássicos, que podem ser facilmente verificados e corrigidos em caso de erro, os qubits são muito mais difíceis de corrigir sem destruir a informação quântica que carregam. Os métodos de correção de erros quânticos, como o código de superfície e o código de correção de erros topológicos, estão em desenvolvimento, mas a implementação prática em sistemas de grande escala ainda é um obstáculo a ser superado.

A **escalabilidade do hardware** é outro grande desafio. A construção de computadores quânticos com um número significativo de qubits interconectados de forma estável é uma tarefa complexa. Cada qubit adicional aumenta exponencialmente a dificuldade de manter a coerência e de gerenciar as operações quânticas. Além disso, a interconexão entre qubits precisa ser mantida com alta fidelidade para evitar erros nos cálculos. Avanços em técnicas de fabricação de qubits, arquiteturas de controle e sistemas de resfriamento são necessários para que os computadores quânticos possam escalar de maneira prática.

A **integração de computação quântica e clássica** também apresenta desafios. Embora os computadores quânticos tenham capacidades únicas, eles não substituirão completamente os computadores clássicos. Em vez disso, eles funcionarão como aceleradores para tarefas específicas, enquanto os computadores clássicos continuarão a desempenhar a maioria das operações gerais. Desenvolver interfaces eficientes entre sistemas quânticos e clássicos, bem como criar algoritmos híbridos que possam tirar proveito de ambos os tipos de computação, será fundamental para maximizar o impacto da computação quântica.

A **educação e formação de talentos** é outro desafio significativo. A computação quântica é uma área altamente especializada que requer uma combinação única de conhecimentos em física quântica, ciência da computação e matemática. Há uma necessidade urgente de formar uma nova geração de cientistas, engenheiros e programadores com as habilidades necessárias para desenvolver e aplicar tecnologias quânticas. Isso exigirá investimentos em educação, treinamento e pesquisa, bem como parcerias entre universidades, governos e a indústria.

Potencial Impacto Global da Computação Quântica

O impacto global da computação quântica pode ser profundo e multifacetado, afetando muitos aspectos da sociedade, economia e ciência. Na ciência, a computação quântica pode permitir descobertas que são impossíveis com a tecnologia atual, desde a compreensão de fenômenos físicos fundamentais até a descoberta de novos materiais e medicamentos. A capacidade de simular sistemas quânticos complexos pode levar a uma nova era de inovação científica, com implicações que vão desde a melhoria da saúde e bem-estar até a exploração do espaço.

Na economia, a computação quântica pode transformar

indústrias inteiras. Setores como finanças, manufatura, energia e logística podem se beneficiar de melhorias significativas em eficiência, otimização e segurança. Por exemplo, algoritmos quânticos podem otimizar cadeias de suprimentos globais, reduzir o consumo de energia em processos industriais e acelerar a descoberta de novos materiais e produtos. Isso pode levar a ganhos de produtividade, redução de custos e o surgimento de novos modelos de negócios.

A segurança cibernética é uma área onde a computação quântica terá um impacto particularmente significativo. A capacidade dos computadores quânticos de quebrar os métodos de criptografia atuais, como RSA, é uma ameaça que precisa ser enfrentada com a criação de novas formas de criptografia pós-quântica. No entanto, a computação quântica também oferece soluções para melhorar a segurança, como a criptografia quântica baseada em distribuição de chaves quânticas (QKD), que pode garantir a segurança das comunicações de maneira intrinsecamente segura contra ataques quânticos.

No plano geopolítico, a computação quântica pode se tornar um fator de poder e influência global. Países que liderarem o desenvolvimento e a aplicação da computação quântica poderão obter vantagens estratégicas significativas, tanto em termos de segurança quanto de competitividade econômica. Isso pode levar a uma corrida tecnológica semelhante à corrida espacial do século XX, onde nações investem pesadamente em pesquisa e desenvolvimento para assegurar uma posição de liderança na nova era quântica.

A computação quântica também tem o potencial de influenciar questões sociais e éticas. O poder de processar grandes volumes de dados e simular sistemas complexos pode levantar questões sobre privacidade, vigilância e a concentração de poder tecnológico. A maneira como a tecnologia quântica é desenvolvida e utilizada precisará ser cuidadosamente regulamentada para garantir que seus benefícios sejam amplamente distribuídos e que os riscos sejam mitigados.

Em resumo, o futuro da computação quântica é uma paisagem de oportunidades e desafios. Com o potencial de transformar muitos aspectos da vida moderna, desde a ciência e a indústria até a segurança e a sociedade, a computação quântica representa uma das fronteiras mais emocionantes e impactantes da tecnologia contemporânea. No entanto, para realizar plenamente esse potencial, será necessário superar obstáculos técnicos, formar uma nova geração de especialistas e navegar nas complexas implicações sociais e éticas dessa poderosa tecnologia. À medida que avançamos em direção a essa nova era, a computação quântica promete redefinir os limites do possível e abrir novas fronteiras para a inovação e o progresso humano.

CAPÍTULO 17: ÉTICA E IMPLICAÇÕES SOCIAIS

A computação quântica, com seu potencial de revolucionar inúmeros campos da ciência e da tecnologia, também traz à tona uma série de questões éticas e sociais que precisam ser cuidadosamente consideradas. À medida que a tecnologia avança e se integra cada vez mais nas nossas vidas, as implicações éticas da computação quântica se tornam uma parte crucial do diálogo sobre seu desenvolvimento e implementação. Questões como privacidade, segurança, desigualdade social e impacto no mercado de trabalho emergem como desafios que a sociedade precisará enfrentar à medida que navegamos por esta nova era tecnológica.

Privacidade e Segurança

Uma das preocupações mais imediatas e significativas associadas à computação quântica é a segurança cibernética. A capacidade dos computadores quânticos de resolver problemas complexos, como a fatoração de números primos grandes, ameaça os sistemas de criptografia amplamente utilizados para proteger dados sensíveis em todo o mundo. A criptografia RSA, que é a base de muitos sistemas de segurança digital, depende da dificuldade de fatorar números grandes—a tarefa que a computação quântica pode realizar de maneira exponencialmente mais rápida que os métodos clássicos. Isso significa que, quando os computadores quânticos alcançarem uma capacidade prática suficiente, eles poderão quebrar muitas das formas atuais de criptografia em um tempo que seria considerado trivial.

Essa ameaça coloca em risco a segurança de uma vasta gama de informações, desde dados bancários e financeiros até comunicações governamentais e pessoais. A quebra da criptografia atual poderia levar a uma onda de ciberataques sem precedentes, com a possibilidade de que dados sensíveis sejam expostos ou manipulados em uma escala massiva. Para mitigar esse risco, há um esforço significativo em andamento para desenvolver métodos de **criptografia pós-quântica**, que são algoritmos de criptografia projetados para serem seguros contra ataques quânticos. No entanto, a transição para esses novos sistemas será um processo complexo e gradual, que exigirá tempo, recursos e cooperação internacional.

Além da criptografia, a computação quântica também levanta questões sobre a privacidade dos dados. Com a capacidade de processar e analisar grandes volumes de informações de forma muito mais rápida e eficiente, os computadores quânticos poderiam ser usados para realizar análises de big data em uma escala que hoje seria inimaginável. Isso inclui a capacidade de identificar padrões, prever comportamentos e revelar informações pessoais ocultas em grandes conjuntos de dados. A possibilidade de vigilância massiva e invasiva é uma preocupação real, especialmente se essa tecnologia for utilizada por governos ou corporações sem regulamentações adequadas.

A proteção da privacidade em um mundo quântico exigirá novas abordagens para o gerenciamento e a segurança dos dados. Isso pode incluir o desenvolvimento de técnicas de **anonimização quântica** e a criação de regulamentos rigorosos para governar o uso de tecnologia quântica em áreas como a análise de dados pessoais. Garantir que os direitos de privacidade sejam respeitados em uma era de computação quântica será um dos desafios éticos mais importantes que a sociedade enfrentará.

Desigualdade Social

A computação quântica tem o potencial de amplificar as desigualdades sociais existentes, a menos que sejam tomadas medidas para garantir que seus benefícios sejam distribuídos de maneira equitativa. Como muitas tecnologias emergentes, a computação quântica provavelmente será inicialmente acessível apenas a uma pequena elite de países, corporações e instituições de pesquisa com os recursos para desenvolver e implementar essa tecnologia. Isso pode criar uma divisão significativa entre aqueles que têm acesso às vantagens da computação quântica e aqueles que não têm.

Essa disparidade pode se manifestar de várias maneiras. Na educação, por exemplo, as instituições que têm acesso a computadores quânticos serão capazes de oferecer programas avançados de ciência da computação e física quântica, preparando seus alunos para carreiras em setores de ponta. Em contraste, as instituições que não têm acesso a essa tecnologia podem ficar para trás, exacerbando a desigualdade educacional e limitando as oportunidades para estudantes de comunidades menos favorecidas.

No mercado de trabalho, a computação quântica pode criar uma divisão entre os trabalhadores que possuem as habilidades necessárias para trabalhar com essa tecnologia e aqueles que não possuem. Isso pode levar ao surgimento de uma nova classe de trabalhadores altamente qualificados, que desfrutam de salários elevados e de boas condições de trabalho, enquanto aqueles que não conseguem se adaptar às novas demandas tecnológicas podem enfrentar desemprego ou subemprego. Essa divisão pode agravar as desigualdades de renda e criar tensões sociais, especialmente se os benefícios econômicos da computação quântica forem concentrados em um pequeno grupo de indivíduos ou empresas.

Para mitigar esses riscos, é essencial que políticas públicas sejam desenvolvidas para garantir que a computação quântica seja acessível e inclusiva. Isso pode incluir investimentos em educação e treinamento para preparar uma força de trabalho diversificada para o futuro quântico, bem como a promoção de iniciativas que visem democratizar o acesso a essa tecnologia. A cooperação internacional também será crucial para garantir que os benefícios da computação quântica sejam amplamente compartilhados, evitando que ela se torne uma fonte de divisão e desigualdade global.

Impacto no Mercado de Trabalho

O impacto da computação quântica no mercado de trabalho é uma área de grande preocupação e interesse. A automação, impulsionada por avanços na inteligência artificial e na computação quântica, pode transformar a natureza de muitos empregos, desde funções técnicas e científicas até ocupações mais rotineiras e administrativas. Embora a computação quântica ofereça a promessa de resolver problemas complexos de maneira mais eficiente, também há o risco de que muitos empregos sejam substituídos por sistemas automatizados mais rápidos e precisos.

Trabalhadores em áreas como finanças, logística, pesquisa científica e engenharia podem ver suas funções alteradas significativamente à medida que a computação quântica se torna mais prevalente. Tarefas que antes exigiam análise humana detalhada podem ser automatizadas, permitindo que decisões sejam tomadas com base em simulações e algoritmos quânticos. Isso pode levar à redução da demanda por certas habilidades, enquanto aumenta a demanda por especialistas em computação quântica e ciência de dados, criando um mercado de trabalho mais polarizado.

No entanto, a computação quântica também pode criar novas oportunidades de emprego em áreas emergentes. O desenvolvimento de hardware e software quântico, a pesquisa em física e matemática quântica, e a aplicação de soluções quânticas em diferentes indústrias são campos que estão em crescimento e que exigirão uma nova geração de trabalhadores altamente qualificados. A criação de empregos nessas áreas pode compensar, em parte, a perda de empregos em outras, mas essa transição exigirá uma requalificação significativa da força de trabalho e a implementação de políticas que incentivem o aprendizado contínuo.

Outra questão importante relacionada ao impacto da computação quântica no trabalho é a necessidade de repensar as estruturas de emprego e as redes de segurança social. Com a automação potencialmente substituindo muitas funções tradicionais, pode ser necessário criar novos modelos de proteção social que garantam a estabilidade econômica para aqueles que são afetados por essas mudanças. Isso pode incluir a implementação de políticas como a renda básica universal ou a criação de programas de requalificação financiados pelo governo e pelo setor privado.

Considerações Éticas

Além dos impactos econômicos e sociais, a computação quântica levanta uma série de questões éticas que precisam ser abordadas. Uma das principais questões é como garantir que a tecnologia seja desenvolvida e usada de maneira responsável. Isso inclui a necessidade de regulamentações que protejam contra o uso indevido da computação quântica, como a criação de armas quânticas ou o uso da tecnologia para fins de vigilância em massa.

A transparência e a responsabilidade no desenvolvimento da computação quântica são essenciais para garantir que ela seja usada para o bem comum. Isso pode exigir a criação de padrões internacionais e códigos de conduta que orientem o uso ético da tecnologia quântica. A colaboração entre governos, setor privado e sociedade civil será crucial para estabelecer essas diretrizes e garantir que a computação quântica seja usada de maneira que respeite os direitos humanos e promova a justiça social.

Outro aspecto ético importante é o potencial impacto ambiental da computação quântica. Os computadores quânticos, especialmente em seus estágios iniciais de desenvolvimento, podem exigir grandes quantidades de energia e recursos para operar, particularmente devido às necessidades de resfriamento extremo para manter os qubits em estados de superposição. É essencial considerar o impacto ambiental da expansão da computação quântica e buscar formas de tornar essa tecnologia mais sustentável, minimizando seu consumo de energia e reduzindo sua pegada de carbono.

A ética da computação quântica também envolve a consideração dos direitos e bem-estar dos indivíduos afetados pela tecnologia. Isso inclui garantir que as pessoas tenham controle sobre seus dados e informações pessoais em um mundo onde a computação quântica pode tornar possível a análise de dados em uma escala sem precedentes. A proteção da privacidade, o consentimento informado e a justiça na distribuição dos benefícios da computação quântica são questões éticas que precisarão ser cuidadosamente abordadas.

Por fim, a computação quântica desafia as concepções tradicionais de justiça e equidade. À medida que a tecnologia avança, será crucial garantir que seus benefícios não sejam monopolizados por um pequeno grupo de países ou corporações, mas sim distribuídos de maneira justa para promover o bem-estar global. Isso pode exigir a criação de mecanismos para compartilhar o acesso à computação quântica e garantir que os países em desenvolvimento também possam se beneficiar das novas possibilidades que ela oferece.

O futuro da computação quântica será moldado não apenas pelos avanços tecnológicos, mas também pelas decisões éticas e sociais que tomarmos agora. Garantir que essa poderosa tecnologia seja desenvolvida e utilizada de maneira responsável será essencial para maximizar seus benefícios e minimizar seus riscos, promovendo um futuro mais justo, seguro e sustentável para todos.

CAPÍTULO 18: PREPARANDO-SE PARA A ERA QUÂNTICA

À medida que a computação quântica avança, ela promete transformar profundamente muitas áreas do conhecimento e da economia. Para profissionais e estudantes, entender como se preparar para as mudanças que essa tecnologia trará é essencial. Estar preparado para a era quântica significa adquirir novas habilidades, explorar recursos de estudo adequados e acompanhar as atualizações nesse campo em rápida evolução. O domínio dessas áreas permitirá que você aproveite as oportunidades que a computação quântica oferece, além de se posicionar como um líder em um mundo onde a tecnologia quântica desempenhará um papel central.

Habilidades Essenciais para a Era Quântica

A computação quântica exige uma combinação única de habilidades, que vão desde a compreensão dos fundamentos da mecânica quântica até o domínio de linguagens de programação específicas para qubits. Desenvolver essas habilidades é o primeiro passo para se preparar para as oportunidades e desafios que a computação quântica trará.

Mecânica Quântica e Física Fundamental

Ter um conhecimento sólido da mecânica quântica é fundamental para entender como os computadores quânticos funcionam. A mecânica quântica é a base teórica que explica o comportamento dos qubits e as operações quânticas, como superposição, entrelaçamento e teletransporte quântico. Familiarizar-se com conceitos como estados quânticos, operadores, matrizes de densidade e medições quânticas é essencial para quem deseja trabalhar na área.

Embora a mecânica quântica possa parecer intimidante no início, muitos recursos estão disponíveis para ajudar a aprender esses conceitos de maneira acessível. Livros introdutórios como "Introduction to Quantum Mechanics" de David J. Griffiths e cursos online em plataformas como Coursera e edX oferecem uma base sólida nessa área. Para aqueles que já possuem conhecimentos básicos, explorar textos mais avançados como "Principles of Quantum Mechanics" de R. Shankar pode ser útil para aprofundar a compreensão dos fenômenos quânticos.

Programação Quântica

Além do entendimento teórico, a habilidade de programar computadores quânticos é crucial. Isso envolve o aprendizado de linguagens de programação quântica, como Qiskit (desenvolvido pela IBM), Cirq (desenvolvido pelo Google), Q# (desenvolvido pela Microsoft) e Quipper. Cada uma dessas linguagens oferece ferramentas e bibliotecas específicas para a criação e simulação de algoritmos quânticos.

Qiskit, por exemplo, permite a construção de circuitos quânticos e a execução de simulações em computadores quânticos reais ou simulados. A familiaridade com Python é uma vantagem, já que Qiskit e Cirq utilizam Python como linguagem base. Para começar, os tutoriais e a documentação do Qiskit são recursos valiosos, oferecendo exemplos práticos e exercícios que ajudam a solidificar o conhecimento.

Matemática e Algoritmos Quânticos

A matemática é outra habilidade essencial na computação quântica. Entender álgebra linear, teoria dos operadores e cálculo é fundamental para desenvolver algoritmos quânticos e para trabalhar com as transformações que ocorrem nos qubits. Além disso, conhecer os principais algoritmos quânticos, como o Algoritmo de Shor, o Algoritmo de Grover e a Transformada de

Fourier Quântica, é vital para compreender como a computação quântica pode ser aplicada a problemas do mundo real.

Livros como "Quantum Computing and Quantum Information" de Michael A. Nielsen e Isaac L. Chuang são recursos indispensáveis para aqueles que desejam entender a matemática por trás da computação quântica e explorar os algoritmos que estão moldando o campo. Além disso, cursos online que abordam algoritmos quânticos e sua aplicação prática oferecem uma maneira de aprender esses conceitos de forma interativa.

Interdisciplinaridade e Aplicações Práticas

A computação quântica é inerentemente interdisciplinar. Ela combina elementos de física, ciência da computação, matemática e até engenharia. Aqueles que desejam se destacar nesse campo devem estar dispostos a cruzar fronteiras entre disciplinas e explorar como a computação quântica pode ser aplicada em diversas áreas, desde a química computacional até a otimização financeira.

Participar de projetos de pesquisa, hackathons quânticos e colaborações interdisciplinares pode ajudar a desenvolver uma compreensão prática de como a computação quântica pode ser aplicada a problemas específicos. Trabalhar em projetos que integram computação quântica com outras tecnologias emergentes, como inteligência artificial, também pode fornecer insights valiosos e abrir novas oportunidades.

Recomendações de Recursos de Estudo

Para se preparar para a era quântica, é essencial ter acesso a recursos de estudo que ofereçam uma base sólida e atualizada. A seguir, são recomendadas algumas categorias de recursos que podem ajudar a construir e expandir seus conhecimentos em computação quântica.

Livros e Textos Clássicos

Livros são uma excelente fonte de conhecimento profundo e estruturado. Além dos já mencionados "Introduction to Quantum Mechanics" de Griffiths e "Quantum Computing and Quantum Information" de Nielsen e Chuang, outros textos recomendados incluem:

- "Quantum Computation and Quantum Information Theory" de Vlatko Vedral: Este livro oferece uma introdução acessível à teoria da informação quântica, um aspecto fundamental da computação quântica.

- "Quantum Mechanics: The Theoretical Minimum" de Leonard Susskind e Art Friedman: Este livro é parte de uma série projetada para fornecer o conhecimento mínimo necessário para entender a mecânica quântica.

- "Mathematics of Quantum Computation and Quantum Technology" de Louis Kauffman e Samuel J. Lomonaco Jr.: Um texto que explora a matemática avançada envolvida na computação quântica.

Cursos Online e MOOCS

Cursos online oferecem uma maneira flexível e interativa de aprender sobre computação quântica. Plataformas como Coursera, edX e Udacity oferecem cursos em parceria com universidades renomadas. Alguns cursos recomendados incluem:

- "Quantum Computing" (Coursera): Oferecido pela Universidade de Toronto, este curso cobre os fundamentos da computação quântica, incluindo algoritmos e aplicações práticas.

- "Quantum Mechanics for Everyone" (edX): Oferecido pelo MIT, este curso é uma introdução à mecânica quântica para estudantes de todas as áreas.

- "The Introduction to Quantum Computing" (Udacity): Um curso introdutório que abrange os princípios básicos e aplicações da computação quântica.

Documentação e Tutoriais Online

As plataformas de programação quântica, como Qiskit, Cirq e Q#, oferecem uma vasta gama de tutoriais e documentação que são recursos valiosos para desenvolvedores e pesquisadores. A documentação oficial geralmente inclui guias passo a passo, exemplos de código e exercícios práticos que ajudam a aplicar os conceitos aprendidos.

- **Qiskit Documentation**: Oferece tutoriais que cobrem desde os fundamentos da programação quântica até projetos mais avançados.

- **Cirq Tutorials**: O Google oferece tutoriais que ensinam como criar e simular circuitos quânticos usando Cirq, além de exemplos de uso em algoritmos quânticos.

- **Q# Documentation**: A Microsoft oferece uma ampla gama de recursos para aprender a programar em Q#, incluindo exemplos práticos e exercícios de codificação.

Conferências, Webinars e Workshops

Participar de conferências e workshops é uma excelente maneira de se manter atualizado sobre os últimos desenvolvimentos na computação quântica. Eventos como a **Quantum Computing Summit** e o **IEEE International Conference on Quantum Computing** reúnem especialistas de todo o mundo para discutir os avanços recentes e as direções futuras do campo. Webinars organizados por empresas líderes e universidades também oferecem oportunidades para aprender diretamente com pesquisadores e profissionais que estão na vanguarda da tecnologia quântica.

Acompanhando as Atualizações no Campo

A computação quântica é um campo dinâmico e em rápida evolução. Manter-se atualizado sobre os últimos desenvolvimentos é crucial para qualquer pessoa que deseja se especializar ou trabalhar com essa tecnologia. Existem várias maneiras de acompanhar as atualizações no campo da computação quântica.

Jornais e Revistas Científicas

Publicações científicas são uma fonte primária de informações sobre os avanços mais recentes na computação quântica. Revistas como **Nature Quantum Information, Physical Review X**, e **Quantum Science and Technology** publicam regularmente artigos revisados por pares que exploram novas descobertas em teoria quântica, desenvolvimento de hardware, algoritmos e aplicações. Assinar essas revistas ou seguir os artigos mais citados pode fornecer insights valiosos sobre as tendências emergentes.

Plataformas de Notícias e Blogs

Plataformas de notícias especializadas em tecnologia, como **Quantum Computing Report, IEEE Spectrum** e **Quanta Magazine**, frequentemente cobrem os últimos desenvolvimentos em computação quântica. Esses sites oferecem análises detalhadas, entrevistas com especialistas e relatórios de tendências que são úteis para entender o contexto mais amplo da evolução da tecnologia quântica.

Redes Sociais e Fóruns

Redes sociais como LinkedIn e Twitter são plataformas úteis para seguir pesquisadores, empresas e instituições que estão na vanguarda da computação quântica. Participar de grupos de discussão no LinkedIn ou Reddit, como o **Quantum Computing Stack Exchange** e o **Quantum Computing Group** no LinkedIn, pode proporcionar uma maneira interativa de discutir ideias, resolver problemas e compartilhar recursos com outros entusiastas e especialistas no campo.

Colaboração e Networking

A colaboração é uma parte essencial do aprendizado e da inovação em computação quântica. Participar de grupos de estudo, hackathons e colaborações interdisciplinares pode oferecer oportunidades valiosas para aprender com outras pessoas e para aplicar conhecimentos teóricos em projetos práticos. Universidades, centros de pesquisa e empresas de tecnologia frequentemente organizam eventos e programas de colaboração que estão abertos a participantes externos.

Educação Contínua

À medida que a computação quântica continua a evoluir, a educação contínua se torna cada vez mais importante. Participar de cursos de atualização, programas de certificação e treinamentos especializados é essencial para se manter à frente em um campo que está em constante mudança. Muitas universidades e instituições oferecem programas de pós-graduação e especialização em áreas relacionadas à computação quântica, como física quântica aplicada, ciência da computação quântica e engenharia quântica.

Considerações Finais

Preparar-se para a era quântica não é apenas uma questão de adquirir conhecimento técnico; envolve também a capacidade de adaptar-se a um campo em rápida evolução e de explorar as inúmeras oportunidades que ele oferece. Seja você um estudante que está apenas começando ou um profissional experiente que deseja se especializar, a combinação certa de habilidades, recursos de estudo e redes de apoio será fundamental para seu sucesso na computação quântica.

À medida que a computação quântica se torna uma parte integrante de nossa sociedade e economia, aqueles que estão bem preparados estarão na linha de frente da próxima grande revolução tecnológica, ajudando a moldar o futuro e a aproveitar todo o potencial desta poderosa tecnologia.

CONCLUSÃO GERAL

Ao longo deste livro, exploramos o vasto e emocionante campo da computação quântica, uma tecnologia emergente que promete redefinir muitos aspectos da ciência, da indústria e da sociedade. A computação quântica, com suas raízes profundas na mecânica quântica, oferece novas formas de processar informações e resolver problemas que eram anteriormente intratáveis com a tecnologia clássica. Este livro foi projetado para fornecer uma visão abrangente das várias facetas da computação quântica, desde seus fundamentos teóricos até suas aplicações práticas, implicações éticas e o impacto potencial em diversas indústrias.

Começamos nossa jornada com uma **Introdução à Computação Quântica**, onde discutimos o que torna essa tecnologia tão diferente da computação clássica. A diferença fundamental entre bits e qubits, a capacidade de explorar superposição e entrelaçamento, e a promessa de realizar cálculos exponencialmente mais rápidos foram os pilares desta introdução. A compreensão dessas diferenças é crucial para qualquer pessoa que deseje se aprofundar na computação quântica, pois estabelece as bases para os conceitos mais avançados abordados nos capítulos seguintes.

Avançando para os **Princípios Fundamentais da Física Quântica**, exploramos os conceitos essenciais que sustentam a computação quântica. Superposição, entrelaçamento, estados quânticos e operadores são mais do que apenas teorias abstratas; eles são as forças motrizes por trás do poder computacional dos qubits. A discussão sobre o princípio da incerteza e a dualidade onda-partícula nos levou a uma compreensão mais profunda de como o comportamento das partículas subatômicas desafia nossas intuições clássicas e como esses fenômenos são aproveitados para realizar cálculos quânticos.

Em **Qubits e Portas Lógicas Quânticas**, exploramos os blocos de construção fundamentais da computação quântica. Qubits, a representação matemática de seus estados e as portas lógicas quânticas que operam sobre eles são os elementos essenciais que compõem os circuitos quânticos. Discutimos portas como NOT, Hadamard, Pauli-X, Y e Z, e como elas diferem das portas lógicas clássicas. Também introduzimos portas de dois qubits, como CNOT, que são cruciais para criar estados entrelaçados, fundamentais para a computação quântica.

Passando para **Algoritmos Quânticos Básicos**, vimos como a computação quântica começa a demonstrar seu poder. Algoritmos como Deutsch e Deutsch-Jozsa oferecem exemplos iniciais de como os computadores quânticos podem resolver problemas mais rapidamente do que seus equivalentes clássicos. Esses algoritmos, embora introdutórios, demonstram o princípio de vantagem quântica, onde os computadores quânticos realizam tarefas que seriam impossíveis ou demorariam muito tempo para serem concluídas em sistemas clássicos.

A exploração se aprofundou com o **Algoritmo de Shor**, onde discutimos um dos algoritmos mais célebres da computação quântica. O Algoritmo de Shor, com sua capacidade de fatorar números inteiros de maneira exponencialmente mais rápida do que os melhores algoritmos clássicos conhecidos, representa uma ameaça direta aos sistemas de criptografia atuais. Esta discussão nos levou a considerar as profundas implicações que a computação quântica terá na segurança da informação e na necessidade urgente de desenvolver criptografia resistente a ataques quânticos.

Algoritmo de Grover ofereceu outro exemplo de como a computação quântica pode superar os métodos clássicos, desta vez no campo da busca em bases de dados não estruturadas. Com uma aceleração quadrática em relação aos métodos clássicos, o Algoritmo de Grover abre novas possibilidades para a análise de grandes volumes de dados, um aspecto crítico em nossa era da informação. Aplicações práticas e comparações com métodos clássicos mostraram o potencial real deste algoritmo em problemas de busca.

Em **Protocolos de Criptografia Quântica**, abordamos como a computação quântica não apenas desafia a criptografia clássica, mas também oferece novas ferramentas para garantir a segurança das comunicações. Protocolos como BB84 e E91 foram discutidos, ilustrando como a distribuição de chaves quânticas pode criar sistemas de comunicação que são inerentemente seguros contra qualquer forma de espionagem, mesmo por computadores quânticos.

A interseção entre **Computação Quântica e Inteligência Artificial** revelou uma área de pesquisa que está crescendo rapidamente. A capacidade da computação quântica de acelerar algoritmos de machine learning e de lidar com modelos de dados complexos abre novas fronteiras na inteligência artificial. Estudos de caso e exemplos de modelos quânticos de machine learning demonstraram como essas duas tecnologias emergentes podem se complementar, potencialmente revolucionando indústrias inteiras, desde a medicina até o comércio.

Exploramos outras áreas emergentes em **Sensores Quânticos e Comunicações Quânticas**, onde discutimos como os princípios quânticos estão sendo aplicados além da computação. Sensores quânticos de alta precisão e a comunicação quântica segura através de satélites quânticos estão se tornando realidades, oferecendo novas formas de detectar e transmitir informações com uma precisão e segurança sem precedentes. Essas tecnologias prometem transformar a ciência da medição e a infraestrutura de comunicações globais.

Computadores Quânticos Práticos detalhou o estado atual do hardware quântico, explorando plataformas como IBM Q, Google Sycamore e Rigetti. Embora os desafios técnicos, como a decoerência e o ruído quântico, ainda precisem ser superados, as inovações em hardware quântico estão progredindo rapidamente. A discussão incluiu os desafios na construção de computadores quânticos práticos e as perspectivas futuras para a escalabilidade e o acesso mais amplo a essas tecnologias.

Em **Linguagens de Programação Quântica**, introduzimos as principais linguagens de programação que estão capacitando desenvolvedores a criar e experimentar com algoritmos quânticos. Linguagens como Qiskit, Quipper, Q# e Cirq foram exploradas, com exemplos práticos que ilustram como essas ferramentas estão sendo usadas para desenvolver soluções quânticas. A capacidade de programar em ambientes quânticos é uma habilidade fundamental para qualquer pessoa que deseja participar ativamente da revolução quântica.

Os **Simuladores Quânticos** desempenham um papel crucial na pesquisa e desenvolvimento de algoritmos quânticos. Antes que os computadores quânticos estejam amplamente disponíveis, os simuladores permitem que cientistas e engenheiros testem e verifiquem seus algoritmos em ambientes controlados. A comparação entre simuladores e hardware quântico real destacou as vantagens e limitações de cada abordagem, e como ambas continuarão a ser essenciais para o progresso da computação quântica.

Discutimos as **Aplicações na Indústria Financeira**, onde a computação quântica está preparada para transformar áreas como modelagem de risco, otimização de portfólios e precificação de derivativos. A capacidade dos algoritmos quânticos de lidar com problemas complexos em finanças oferece novas oportunidades para melhorar a eficiência, reduzir riscos e criar produtos financeiros inovadores. As vantagens quânticas neste setor podem ter um impacto profundo na economia global.

A **Computação Quântica na Química Computacional** revelou como essa tecnologia pode revolucionar a modelagem molecular e a descoberta de novos materiais. A capacidade de simular moléculas complexas com precisão quântica abre novas possibilidades na química, desde o design de medicamentos até a descoberta de supercondutores. Acelerando a pesquisa e reduzindo os custos associados à descoberta de novos compostos, a computação quântica pode desempenhar um papel central na inovação científica e industrial.

No campo da saúde, os **Impactos na Saúde e Biotecnologia** da computação quântica são vastos. Desde a simulação de proteínas e a descoberta de fármacos até aplicações em biotecnologia agrícola e engenharia de proteínas, a computação quântica oferece ferramentas poderosas para enfrentar alguns dos maiores desafios da medicina e da biotecnologia. A integração da computação quântica com outras tecnologias emergentes promete acelerar o desenvolvimento de terapias personalizadas e avanços na biotecnologia.

Olhando para o futuro, **O Futuro da Computação Quântica** discutiu as previsões para a evolução desta tecnologia, os desafios a serem superados, e o impacto global que ela terá. Desde a supremacia quântica até o desenvolvimento de redes quânticas e algoritmos avançados, o futuro da computação quântica é repleto de possibilidades e incertezas. A discussão destacou a importância de superar desafios técnicos, como a decoerência e a escalabilidade, e de formar uma nova geração de especialistas em computação quântica.

As **Considerações Éticas e Implicações Sociais** levantaram questões cruciais sobre privacidade, segurança e desigualdade social na era quântica. A computação quântica, com todo o seu potencial, também apresenta riscos que precisam ser geridos de forma responsável. A reflexão sobre como garantir que essa tecnologia beneficie a sociedade de maneira equitativa e sustentável é fundamental para o seu desenvolvimento.

Por fim, **Preparando-se para a Era Quântica** forneceu orientações práticas para que os leitores possam se preparar para as mudanças que a computação quântica trará. As habilidades essenciais, recomendações de recursos de estudo e a importância de acompanhar as atualizações no campo foram discutidas em detalhes. A preparação contínua e a educação serão fundamentais para que indivíduos e organizações possam prosperar em um mundo onde a computação quântica desempenhará um papel central.

Ao concluir este livro, gostaria de agradecer a você, leitor, por se juntar a mim nesta exploração da computação quântica. Seu interesse e dedicação em aprender sobre essa tecnologia emergente são fundamentais para o futuro que estamos construindo juntos. Espero que este livro tenha inspirado você a continuar explorando, aprendendo e contribuindo para o avanço da computação quântica. O futuro está em nossas mãos, e juntos podemos moldá-lo para criar um mundo mais inovador, seguro e equitativo.

Atenciosamente, Diego Rodrigues

www.ingramcontent.com/pod-product-compliance
Lightning Source LLC
Chambersburg PA
CBHW071222050326
40689CB00011B/2411